私たち阪神佐藤興産は、
ビルやマンション、企業の工場などの
外壁塗装を中心とした大規模改修工事のほか、
戸建ての塗替え工事などの外壁防水塗装、
光触媒などを手掛けています。
兵庫県尼崎市に本社を置く
社員数25名の小さな会社です。
小さな会社ですが――

学校法人
神戸学園
携わるのは大きな仕事です！
学校法人神戸学園

ライバルはスーパーゼネコン。
でも、コンペで負けることはほぼありません。

六甲アイランド甲南病院

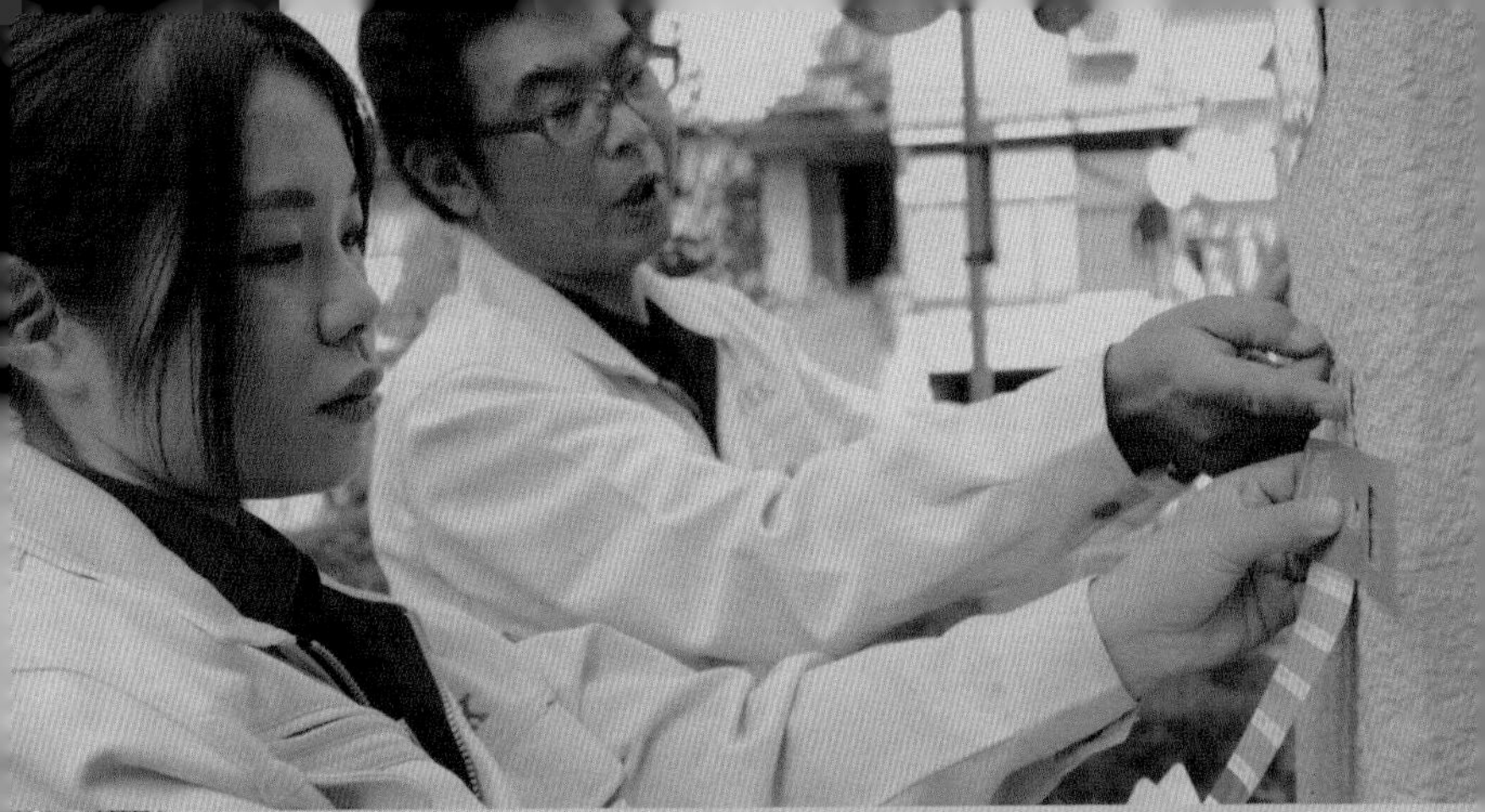

それは、私たちの提案、
ピカピカで明るい現場

そして、人づくり、組織づくりにあります。

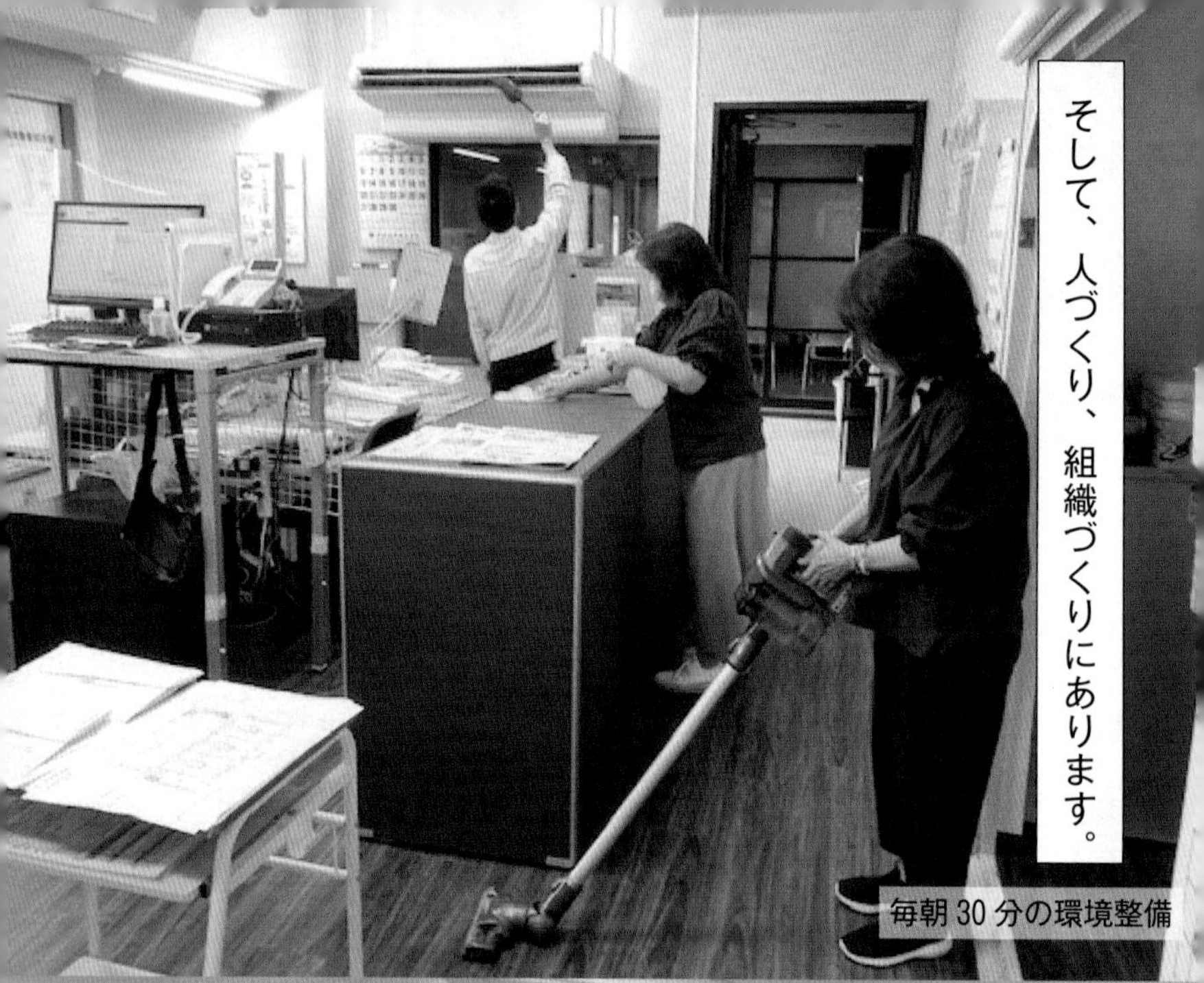

毎朝30分の環境整備

戦略会計を学ぶＭＧ研修

売上・利益は過去最高を更新中！
だから――

経営計画書は会社のルールブック。
背景はコミュニケーションツール
「エマジェネティックス®」の
プロファイル

会社が費用を負担する
懇親会でコミュニケーションを深める

「小さくても勝てる」のです！

小さくても勝てる！

行列のできる会社・人のつくり方

阪神佐藤興産株式会社
代表取締役社長
佐藤祐一郎

あさ出版

はじめに

恐竜とネズミが一対一で戦ったら、どちらが勝つでしょうか。

言うまでもなく、恐竜ですね。

ネズミが勝つことは十中八九、いえ、十割ありません。

では、大企業と中小企業はどうでしょう。これも、まともに戦ったら中小企業に勝ち目はない。恐竜とネズミと同じです。

しかし、中小企業はネズミと違って、頭を使うことができます。まともに戦えば勝てませんが、まともに戦わないで自分たちが有利な戦い方に持ち込めば、勝ち目がある。勝てる戦いに持ち込めばいいのです。

実際に**小さな会社でも大きな会社に勝てます**。
当社、阪神佐藤興産がそうです。

阪神佐藤興産と聞いて、「知っている！」と答える人は限りなくゼロに近いと思います。「阪神」という名称から、関西にある会社ということがわかるくらいで、どんな業種で、どのくらいの規模の、何をやっている会社か見当もつかない人がほとんどでしょう。社員20名強。知名度のない、小さな小さな会社です。

代表取締役である私、佐藤祐一郎は2代目経営者です。当社は、先代である父の佐藤武司が１９５８年、兵庫県尼崎市に塗料販売会社として創業しました。以来、いわゆる町の塗料屋さんとして営業してきて、業種・業態はこれまでの事業を生かしながらも変貌を遂げてきました。

現在のメインの仕事は、ビルやマンション、ホテル、大型店舗、企業の工場や物流センターなどの外壁塗装を中心とした大規模改修工事のほか、住宅については戸建ての塗替え工事などの外壁防水塗装、光触媒などを手掛けています。塗料販売からリフォーム業への進展。ＢｔｏＣの消費者向けは少なく、アパートやマンションのオーナーを「Ｂ」に含めると、取引のほとんど、８割ほどはＢｔｏＢです。

大規模改修工事は既存の施設を新しく建て替えるのではなく、すでに建っている施設の外壁などを新築時のように塗り替えて蘇らせる仕事です。その過程では、外壁に走っているひび割れやタイルの剥がれをはじめ、劣化部分の補修も行います。

また、ビルや各種施設の新築から行うことはありませんが、骨組みを生かしたリノベーションには対応しています。何もないところに、作成した図面をもとに建築していくことを「新築」とすれば、新築以外のことはぜんぶやる。このような体制を整えています。

さて、そんな阪神佐藤興産のライバルは、大手建設会社。いわゆるスーパーゼネコンです。ネズミと恐竜というよりは、アリと恐竜くらい差があると言ってもいいかもしれません。

ですが、当社と大手ゼネコンが競合すると、**当社がお仕事を受けることができる**。小さくても勝てるのです。

なぜ、売上や社員数の桁が3つも少ない小さな会社が、大きな会社に勝てるのか。

利益がほぼ出ないような価格競争を仕掛けているから、ではありません。

①勝てる戦い方に持ち込んでいるから
②教育をして魅力ある人づくりをしているから
③魅力ある人が集まった強い組織づくりをしているから

この3つが勝因です。

本書では、私たち阪神佐藤興産の「小さくても勝てる」仕組みを、余すことなくご紹介していきます。

2020年版の「中小企業白書」によれば、全国には約350万社の中小企業があるそうです。マーケットは、大企業だけのものではありません。市場の中で、小さな会社がどう立ち回り、大企業に伍し、生き残っていくか。同じ環境に身を置く方たちのヒントになればうれしく思います。

中小企業がどう生き残っていくかを考えることは、同時に小さな会社の存在意義やそこで働くことの意味を考えることでもあります。

世界のなかでも、素晴らしさが際立つ国、日本。私たちの日本を支えているのは中小企業です。中小企業が元気になれば、日本はもっと元気になります。

本書が中小企業経営者だけでなく、そこで働く人、これから働こうとする人たちにとって、これまで意識してこなかった小さな会社の魅力に気づくきっかけになることを祈念しています。

阪神佐藤興産株式会社　代表取締役社長

佐藤祐一郎

第1章　小さくても勝てる

第2章　行列のできる人づくり

第3章　一体感をつくるコミュニケーション

第4章　つぶれない経営の仕組み

第5章　小さな会社で働くということ

編集協力　菱田秀則（菱田編集企画事務所）

第1章

小さくても勝てる

2つの武器でスーパーゼネコンに勝つ

●お客様がそこまでやるのかと驚く「キングファイル」

マンションやホテル、工場、病院などの大型施設の外壁塗装をメインとする当社にとってのライバルは、大手ゼネコンです。

通常、大型施設を新築するのは、スーパーゼネコンと呼ばれる大手建設会社であったり、そのJV（ジョイントベンチャー）であったりします。

そして、スーパーゼネコンが新築した大型施設の外壁などが劣化し始めたときが、当社の出番です。

大型施設の外壁の改修工事は新築工事を手掛けたスーパーゼネコンにあらためて依頼するケースが多いのですが、当社はそこをねらって注文を獲得しに行きます。ですから、「ライバルは大手ゼネコン」なのです。

ゼネコンと当社を比べれば、ブランド力は段違いです。「はじめに」で述べたように、恐竜対アリの戦いのようなものです。金額でいうと、1兆円、2兆円という売上を上げている会社と10億、15億円の売上しかない会社ですから、1000倍以上の開きがあります。単純に見て勝ち目はない。しかし、勝たなければいけません。

そのため、私たちは2つの武器で戦いを挑みます。

1つが詳細な**「劣化診断」**を使った、診断書の提出です。現場の写真1枚1枚をていねいに撮り、1枚ごとに詳しく説明をつけていく。ひび割れがあれば、それが明確にわかるように撮り、「このひび割れがひどくなり外壁の一部が落下すると、通りがかった人がケガをする恐れがある」といった説明を加えていき、厚さ5センチ以上の分厚い劣化診断書をお客様に提出します。

当社ではこれを**「キングファイル」**と呼んでいます。人間の体でいうと、キングファイルは健康診断というより精密検査の報告。表面的な診断は2～3年の現場経験があれば可能ですが、躯体構造の違いによる振動の差などを説明することは10年以上の経験と知識が必要になる熟練のワザの1つです。

そして、このファイルをお渡しすると、お客様は「提案の段階で、そこまでやるのか」と身を乗り出してこられるのです。

●工事現場なのにピカピカな「現場見学会」

もう1つの武器は、大規模改修工事の**「現場見学会」**です。

当社の担当社員が紙や写真で改修工事の内容を説明しても、お客様はなかなか実感をつかみにくい。その点、現場見学会にお越しいただければ、何をどう改修し、変わっていくのかは一目瞭然です。そこで、新規の受注を獲得できるのです。

これまで大規模なもので5回の現場見学会を行い、計100組以上のお客様にお越しいただきました。この現場見学会が軸となって、数珠つなぎのように新規受注がつながっていく。とても効率のよい営業活動になっています。

2つの武器について、もう少し詳しく説明していきましょう。

他社の100倍の情報量で圧倒的に勝つ

●価格勝負をしかけられても負けない

「キングファイル」は提案から見積の段階で作成し、お客様に提示します。

ファイルの構成は決まっていて、現状や劣化部分の画像データをまず明快に示して、その後に見積を示す。そのあとに劣化診断の詳細のほか工程表や図面、必要な工事の有資格者の氏名を記しています。

また、外壁塗装の色で悩むお客様向けに、カラーシミュレーションした画像を添付するケースもあります。

作成するのは、以前は1週間かかっていましたが、現在は数日まで短縮することができています。各スタッフがこれまでのファイル作成をとおして、ポイントを把握できるようになっていることに加え、これまでの工事すべてが工事ごとにファイルされていて、情報としてストック、共有できることも大きい。

いずれにせよ、分厚いファイルがスピーディに提案されること自体が、お客様の信頼につながります。

キングファイルは、お客様の診断書であり、医療にたとえるなら治療の際のインフォームドコンセントの役割を果たします。前述した劣化診断も含めてファイルとして示していくことで、お客様の理解も深まり、納得度も高まる。他社が数枚の見積書を作成しただけで仕事を進めようとするところを、当社は数十、百数十ページの分厚く重たいキングファイルを示しながら仕事を進めていく。

このような対応を行っていれば、たとえ他社が値段勝負をしかけたとしても、優位な戦いができます。

キングファイルを初めて目にしたお客様は、まず驚き、そしてページをめくるたびにより真剣な表情になっていかれます。

介護施設営業部部長の桂義樹は、キングファイルの強みをこう語ります。

「キングファイルはお客様も気づかないような細部を重視しつつ迅速にまとめていく。こうしたことは大手のゼネコンとはまったく異なる当社の大きな武器です」

同業他社ではほとんどやっていないこうした取り組みが、大手ゼネコンと競合しても勝てる仕事につながり、現場は現場の仕事に集中することにつながり、お客様からの信頼にもつながっていくのです。

改修工事完了後には、完了証明書や保証書を添付して、このキングファイルの完成図書を作成し、お客様のもとに届けます。

キングファイルの厚さが信用につながる

価格競争に巻き込まれない！

現場はピカピカで、ニコニコ

●仕事のプロセスを見ていただく

現場見学会に来られたお客様が驚かれるのが、**整理整頓された現場の様子**です。とかく工事現場というものは足の踏み場もないような雑然としたものをイメージされている方が多いのですが、当社の現場は一言で言って「キレイ」。整然と資材などが並べられ、ゴミが1つも落ちていない。結局それが当社の社員にとっての安全性、お客様にとっては安心につながっています。

これは当社が、社員教育で導入している**「環境整備」**の効果です。

一見すると「掃除」のようですが、似て非なるものです。環境整備とは、「仕事をやりやすくするために、『環境』を『整』え、そして、必要なものがすぐに取り出せるようにして、仕事に『備』える（準備する）」ことが目的だからです。

環境整備については、次章で詳述します。

改修工事の仕事で悩ましいところは、工事から数年経たないとその仕事の良し悪しがわからないことです。1回塗りでも5回塗りでも、塗装した直後は一様にキレイです。ところが、5年、10年と時間が経過して、初めていい塗装だったか、いい改修工事だったかの真価がわかります。

そのことは、契約前は商談のなかで、施工中は現場見学会などでご理解いただくしかないとも言えます。だからこそ、実際の改修工事のプロセスがいい加減であってはならない。その部分を判断していただくために、当社の現場では環境整備を徹底しているのです。

資材が直角平行に並んでいるかから始まって、小さなゴミやタバコの吸い殻などがないか、塗装後のあと片づけもきちんと行っているか、掲示物の四隅がきちんと止められているかまで、当社の現場では細かなチェックが毎日行われています。

●職人の挨拶、マナーもすごい

現場見学会で見学される方がもう1つ驚かれるのは、そこで働く**職人のマナー**です。彼らの愛想が悪いと、どうしても「職人は怖い」となってしまう。

だから、現場見学会に来られたお客様が職人から「おはようございます!」と元気に挨拶されると驚かれます。職人は無口で不愛想な人が多いのですが、照れ屋なだけで、実は話しかけると愛想がよく、とても優しい。根はいい人たちばかりです。

このように「環境整備と挨拶」によってお客様は仕事の「質」を判断します。だからこそ、この2つの面が大事であることを社員にも職人にもしっかり伝え、徹底するようにしているのです。

なお、職人は当社の社員ではありません。当社の協力会社の所属です。しかし、当社の60年以上の業歴のなかで、10年、20年とつきあいの続いている職人が何人もいます。彼らは当社や私のこともよく知っていて、また現場監督とも長いつきあいがあります。

職人というとぶっきらぼう、つっけんどんなイメージがありますが、みな気さくで和気藹々としています。入ってきたばかりの職人は、他のことにはわれ関せずといったことが多い。そのため、他でコミュニケーションの悪い現場を見かけると、少し冷たい空気を感じ、「これでは事故が起きかねないな」と思うこともあります。

その点、当社の現場は事故がありません。毎年、当社の安全大会で安全表彰を行っていますが、次回もたくさんの表彰者がでるでしょう。そのくらい、雰囲気のいい現場なのです。

職人は独立して事業を営む、いわゆる一人親方もいますが、ほとんどは会社に所属しています。その会社は当社にとっては協力会社という位置づけになります。

当社の協力会社は約１２０社。１社あたり概ね５人から10人くらいの職人が所属している。

すると、億円単位の大規模改修工事が複数ある場合は、全社で５００人レベルの人員が動くことになります。その人員のやりくりをしながら現場作業が進んでいくのです。

改修工事全体を人間の体にたとえると、当社の社員は頭脳の部分です。社員数が20数名でも、全体では５００名以上の人間が動き、協力して改修工事を仕上げていきます。協力会社は、手足として長年積み重ねてきた経験と技術をいかして、当社の指示に従って満足のいく仕上がりに完成させてくれます。

現場見学会でお客様に仕事ぶりを見ていただく

次の仕事につながっていく

現場見学会は社員を育てる場でもある

●モチベーションアップにもつながる

社員がお客様を訪問して、実際に改修工事がどのように進んでいくのかを、どんなに上手に説明しても、なかなか実感を持って理解していただくのは難しいことです。お客様にしても、社員が訪問してチラシで説明しても、そのときは理解したとしてもしばらくすると忘れてしまうことも多いでしょう。

しかし、お客様自身がみずから足を運ぶ体験は忘れがたい記憶になります。

特に現場というものは雑然としていると思っていたお客様は、環境整備が行き届いていることに大袈裟でなく驚嘆します。この驚きに、当社のほうも手応えを感じるのです。

そして、現場見学が終われば最寄りのレストランで質疑応答などの商談を進めます。その商談も含めて全体を成功裏に進めることができれば、そのお客様の成約はもちろん次のお客様の紹介につながります。そのことが社員にとっての自信につながっていきます。

このように、現場見学会は当社の社員にとって重要な役割を果たしています。社員はお客様に対して、伝えにくいところ、伝わりにくいと感じているところは当然ながらあるはず。その分を補ってくれるのが現場見学会という営業ツールです。ですから、社員として正しく伝えないといけないという使命感にもつながってきます。

さらに、お客様をはじめ、外部の方に見にきていただくことが、**社員自身が仕事に対してより一層、張り合いを持つ**ことになります。

なお、**現場見学会は社員の家族を対象に行うこともあります**。お父さんが「どのような仕事をしているのか」を家族に見せられる機会があることは、社員のモチベーションアップにつながります。

家族の応援が得られるのが、何よりも大きい。

「お父さんって、すごい仕事してるね！」

わが子のこの声を耳にして、頑張れないお父さんがいるでしょうか。

社員の家族を対象に現場見学会を開く

社員のモチベーション向上にもつながる

小さくても勝てる戦い方の秘密

●得意な分野で戦うから勝てる

「キングファイル」と「現場見学会」。この2つの武器で、当社は大手ゼネコンと勝負しています。その結果、お客様は、小さな会社である当社にお仕事を発注してくださります。今までは競合するとまず負けることはありませんでした。

とはいえ、相手は誰もが知っている大会社。売上、ブランドなど、圧倒的な差があります。なぜ、社員20名強の会社にそれが可能なのか。まだ疑問に思われる方もいるでしょう。

その理由は「はじめに」で述べたように、私たちが勝てる戦い、すなわち**自分たちが得意な分野での戦いに持ち込んでいる**からです。

私たちの主戦場は改修工事。一方、大手ゼネコンは新しい物件を新築することなどに忙しい。改修工事は新築工事とは違い、マンションなら住人、病院なら医師や患者さんのように、人が暮らしたり働いたりしている最中に行わなければならない。お客様に対する気配り、心配りが求められます。はっきり言って、大手ゼネコンにとって改修工事は、面倒な仕事以外のなにものでもないのです。建築したのは自分たちなので、声がかかるとしかたなく見積書などを出しているというのが実態ではないでしょうか。

大手ゼネコンにしてみれば、「費用対効果、労力面から考えて、もっと儲かる仕事はほかにある」と思っています。そうした「手間がかかる、面倒だ」と大手ゼネコンが感じる隙を突いて、当社は受注獲得に注力します。

だから、「小さくても勝てる」のです。

その結果、阪神佐藤興産の業績は、右肩上がりで推移しています。

2020年は、期の途中ですが、コロナ禍のなかで**過去最高売上・利益だった前期と同等**に推移しています。

とはいえ、ここに至るまでの道のりは、平坦なものではありませんでした。

小さくても勝てる戦い方は、たくさんの失敗の末に生まれたものなのです。

阪神佐藤興産の経常利益推移（2013-19 年度）

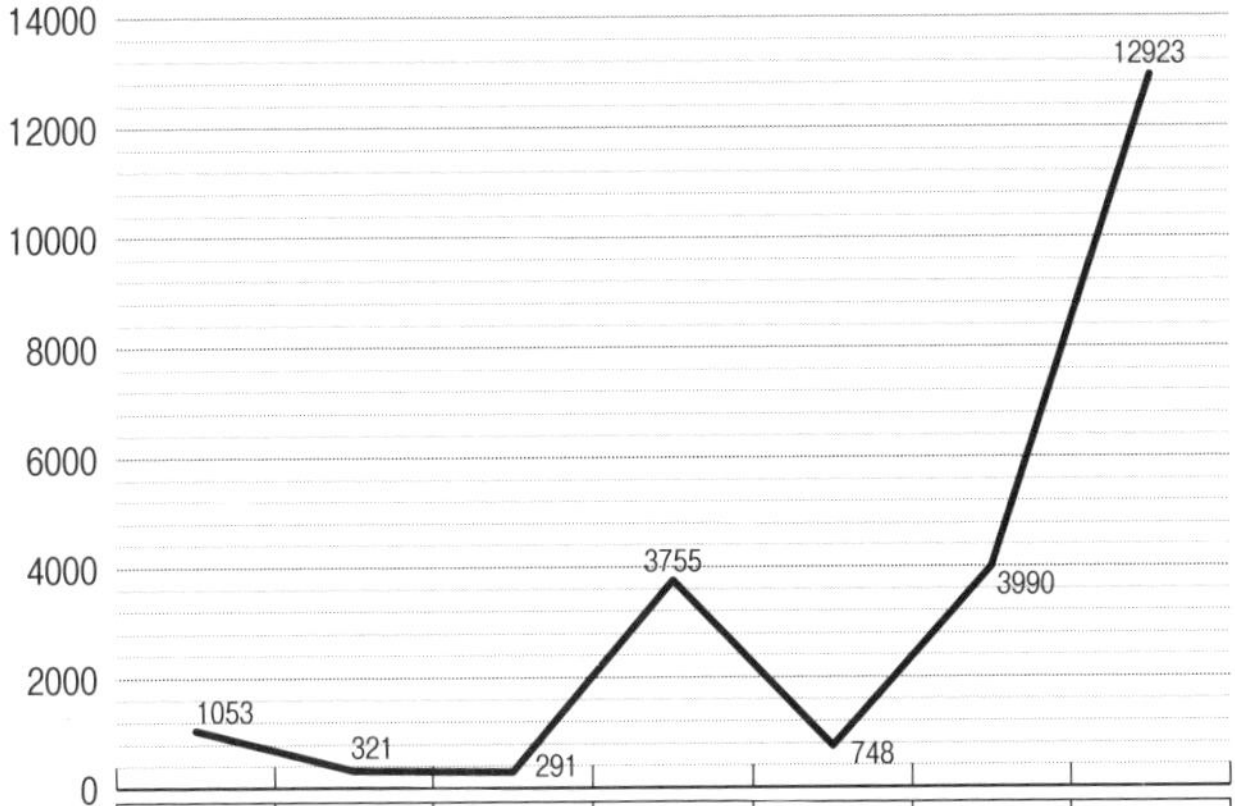

	2013 年度	2014 年度	2015 年度	2016 年度	2017 年度	2018 年度	2019 年度
経常利益(万単位)	1053	321	291	3755	748	3990	12923

2019年度は過去最高！

下請から元請への転換を図る

●理不尽な縦関係から抜け出したい

先代の頃の当社は、主に下請として塗料販売と塗装工事を営んできました。ところが1996年に、私が事業を継いでから、私は下請体質からの脱却を図りました。

一言でいうと、「下請はイヤだ」という気持ちが強くあったからです。下請は、お客様のために何かしようと思っても、値段も工期もやり方も決まっている。がんじがらめで、仕事そのものにおもしろみがない、ワクワクするものがないと感じていたのです。

例えば、塗装の際、塗料はモルタル、コンクリートなどの素地の上に塗りますが、通常はモルタル、コンクリートが仕上がったあと、1週間ほど時間を空けないと素地表面のアルカリ性濃度が下がらない。中性付近の乾いた素地の上に塗らないと剥がれてしまったり変色してしまったりします。しかし、工期が迫っている場合は、元請に「さっさと塗れ」と言われる。元請にそう言われると塗らざるを得ない。それが下請という立場なのです。

もちろん、下請から元請に、いきなり鞍替えできるほど事業というものは甘くはありません。

下請として、大きなゼネコンの傘下に入ると、次々と連続して仕事を受けられるケースがあり、営業をしなくても仕事があることも事実です。多くの下請は、営業が苦手という事情もあり、いろいろな不満があっても下請のままでいるのです。

それでも私は当時、**「下請体質を脱しない限りは本当の成長は得られない」**と感じていました。

私が20代半ばくらいの頃のこと。中堅工務店の下請で新築の塗装工事を行っていたとき、現場監督のもとに設計士がやってきたことがありました。

設計士は元請の現場の監督がよかれと思った対応でも「仕様が異なる」と見当違いな指示をするケースがありました。

塗装の仕様の実地チェックになったときです。もともとの指示書には外構のモルタル部分に塗ってはいけないペンキを塗るよう書かれていました。私はもちろん、監督もこのことはわかっていて、よかれと思って修正指示を出していました。ところが設計士は、

「この塗料を使ってもらわないと困るんだよね」

と、見当違いな指示を念押ししてきます。

監督は「はいはい」と呆れたように答えています。下請の立場の私としては、黙ってその仕様のペンキを塗らざるを得ない。私はバカらしくなって、心の中で「この仕事はなんなんだ！」と叫んでいました。現場としては、施主の代理であり建築の「プロ」であるはずのその設計士の先生の顔を立てなければ、仕事が前に進まない。

結局、現場では設計士の指定した仕様に従うように見せかけて、あとで修正して適切な塗料を塗ったのですが、正直なところ、この〝不条理なタテ社会〟に呆れてしまった。そして、

「これなら、塗装に関して設計事務所の仕事も当社で対応し、直接請け負ったほうが、お客様にとっても満足いただける仕事になる！」

と確信しました。

この出来事はあくまでも1つのきっかけです。そのきっかけから徐々に、改修工事にかかる外壁塗装については当社が設計事務所のように仕様を決めるスタイルをとり入れ、下請体質を抜け出そうと試みてきました。

今では、見当はずれな指示を出した設計士の先生に感謝しています。私が「元請になろう！」と決心したきっかけを与えてくれたのですから。

2代目の苦闘は続く

●劣化診断で面白いように受注ができた

私は2代目でずっと父の仕事の良い面も悪い面も見て育ちました。大学は建築・工学系ではなく商学部でしたが、1年ほど設計事務所でアルバイトをしていました。その設計事務所とは今もおつきあいがあります。

大学卒業後はスーパーゼネコンと言われる清水建設に勤めました。1年ほどですが、ゼネコンの仕事を体験した。そして日本ペイントという大手塗料メーカーに研修生として2年勤め、家業を継ぐために当社に入ることになったのです。

それぞれの会社にはいろいろな勉強をさせてもらいました。今でも感謝でいっぱいですし、それら業界の大手の仕事のすばらしさも、身をもってわかっているつもりです。一方で、中堅の塗装・改修工事各社の仕事を概観してみると、業界の古い体質を引きずったままの会社があることは否定できません。一言で言うと、「お客様のために自社が果たすべき役割は何か」をそっちのけにして、自社の利益の追求だけに走っていないかということです。

私が家業を継ごうと当社に入った頃は、時期的には昭和の終わり頃でした。高度成長期に立てたビルやマンション、団地、工場などの施設が建設後20年、30年の経年劣化のなかで傷みが目立ってきていた。この状況に対して塗料業界大手では劣化診断の技術を進化させ、塗装業界をバックアップする動きもでてきました。

私が日本ペイントにいた時代も、さまざまな診断機器を持って依頼のあった施設を回り、データを取得して診断資料としてお客様に提出していました。その正しいやり方を日本ペイントで教わって、その後当社の家業を継いだわけです。

当社に移った当初は、このような知識や技術は多くの同業他社にはまだ乏しい状態だったので、たとえば劣化診断の結果を団地の理事会や修繕委員会などに説明しにいくと、的確な診断にも驚いてくれました。しかも、それを地場の地域企業が対応してくれる。評価され、おもしろいように受注できました。

●競争に巻き込まれ下請から抜け出せない

当時から、私は見積書を精緻なものにして提出しようと心がけていました。通常、同業の塗装業者の見積はA4用紙2~3枚で「足場一式、塗装一式、諸経費で◯万円」と併記する程度の簡素なものでした。ところが当社では、ドアの枚数やPS（パイプスペース）の扉の枚数、壁や天井の面積などを精査し、あわせてひび割れの長さや程度などをもとに、専門的な分厚い見積を提出していくようにしました。これも、受注につながった大きな要因と言ってよいでしょう。こうした対応によって当社は業績を伸ばし、一時期は絶好調でした。

ですが、それも長くは続きませんでした。当時の同業他社、すなわち塗装会社が折からの改修ブームに乗って改修工事会社に〝格上げ〟してきて、似たような取り組みを始めたからです。劣化診断や見積書の充実は実態として私一人が行ってきたことで、わが社は組織としての取組みが不足していました。加えて劣化診断の技術がより一般的になってきたことも背景にあったと思います。

そこでよりいっそうの効率化のため、改修工事の対象をマンションに絞ったことがありました。お客様、つまり発注していただくのはマンションの建物管理会社。当社が建物管理会社の下請という立場になるわけですが、マンションの建物管理会社には、当初は改修工事の実作業のノウハウがあまりありませんでした。そのため、当社の考え方や工事仕様を優先して改修工事を行うことができました。

しかし、それもいたちごっこで、同じようにマンションの建物管理会社に食い込む同業他社が徐々に増えてきました。また、ゼネコンのＯＢが管理会社にたくさん入社してきました。

すると、結局、当社は従来と同様の下請状況に組み込まれていきました。

イキって下請仕事を捨てたら赤字に転落

●消費税の反動をもろに受ける

中途半端な改善と挫折を繰り返しながら、建物管理会社の下請から脱却できない状態はおよそ20年も続きました。

そして、大きな転機が訪れます。

２０１４年４月に消費税が５％から８％に上がり、大規模改修工事の前倒し需要とその反動減に見舞われました。２０１４年以前、当社の年商は概ね10億円強でしたが、消費税の駆け込み需要があった年には**13億円**ほどに跳ね上がった。ところが、増税後の２０１５年は駆け込み需要の反動減で年商が**7億円**ほどにダウンしました。

増税の前後でプラスマイナスゼロと言われればそのとおりですが、会社はそんな単純なものではありません。

売上が13億になれば、それに見合った経費がふくらみます。翌年に売上が7億になっても、経費はそれに見合って縮むことはありません。膨張したままです。

また、増税前の駆け込み需要期には、増税時期までに仕事が終わっていることが求められます。法律に求められるというより、元請に求められるのです。工期に間に合わせるために、応援の職人をたくさん入れたことで、コストと品質のコントロールに悩まされました。

当時こんなことがありました。

限られた予算のなかで、「どこにお金をかけるか？」という問題で、管理会社の担当者と私との間で大きく意見が食い違ったことがあります。「何をするのが一番お客様のためになるのか？」というところで、同じ価値観を持つことができなかったのです。以前はそんなことはなかったのに、時代も人も変わっていました。そして、理不尽なことが続きました。

こうして当社は消費税の増税後、あらためて下請を脱することに取り組み始めました。私が行ったのは、仕事の価値観が合わない建物管理会社からの仕事を減らすことです。露骨に「御社の仕事は受けません！」と断るわけではなく、「1年ほどかけて千万単位の受注を減らしていこう」と言いました。社長が「減らす」と言うと、社員は力を入れなくなりますから、管理会社からの受注は「蒸発」しました。

ただ、当時の私は自分の心のなかで別のことにも気づかされました。関西弁で言うと、「イキっていた」。「突っ張っていた」とも言えるでしょう。「下請脱却！」と豪語しても、それを埋め合わせる実力が当社になかったのです。

その結果、2015年はなんと**9000万円の営業赤字に転落**（経常利益は黒字）しました！　この結果は社員が悪いのではなく、社長の私の責任です。

社長自ら新規開拓営業に

●1年で1400件訪問

下請仕事がイヤだからと、意図的に受注を減らしたものの、それを埋め合わせることができずに、大赤字に転落。それまで細々とではあるものの、黒字経営を続けていた私は〝イキっていた〟だけの自分に気づかされ、深く反省をしました。

そこで、私がとった行動は、禁酒。お酒の大好きな私が禁酒するのは、ものすごくハードルが高い。しかし、それくらいのことをして自分にタガをはめないと、この苦境は乗り切れないと覚悟を決めました。

そして、**トップ営業による新規開拓**。本当の元請になるべく、お客様を探すことから始めたのです。

2016年から2018年にかけて、**1年に1200〜1400件、月にすると120件弱ほど新規開拓に回りました**。新規に営業できそうなリストを当時、挙げてみると、150件くらいありました。そのうち少しでも見込みがありそうなところ、営業のきっかけをつかめそうなところを70件に絞り、絨毯爆撃、ローラー訪問をしていきました。

毎月営業に回る日を10日間と決めて、1日に10〜12件を訪問するのです。1年目はほとんどが挨拶して回るだけ。

ようやく12カ月目に2件受注できました。それでも、新規開拓活動が2年目になると、「ちょっと見積を出して！」とか「劣化診断をしてほしい」といった注文も入るようになりました。そうしてお客様を獲得でき始め、2年目あたりから芽が出て3年目から4年目で実を結ぶようになったのです。

●営業でやったことは「御用聞き」

新規開拓先への訪問はきちんと商談できるケースもありますが、ただの御用聞きのように2〜3分挨拶をして、A4用紙1枚のチラシを置いて帰るだけのこともしばしばでした。粘って無理に話し込もうとすれば、「2度と来るな!」と言われかねないからです。

訪問時に置いてくるチラシは、差別化チラシと呼んでいるもの。改修工事・技術の例や当社の取組み、お客様の声などを入れて作成します。毎回まったく新しい事例を入れて作成し直すわけでなく、たとえば「お客様の声」の欄を新しいお客様の声に差し換える。簡単に内製できます。

そうした御用聞き訪問を重ねていると、7回目をすぎたあたりから、ある日突然、「ちょっと、ちょっと」と声がかかる。

「は？　私ですか？」
「そうアンタだよ」（私の名前は「ちょっと」です（笑））
すると、今まで入ったことのない、建物の奥のほうに連れていかれて「ここのポタポタ落ちる水漏れ、なんとかできる？」といった話になります。そうなれば、しめたもの。すかさず写真を撮って会社に転送し、修理の方法とおよその代金を確認させ、3時間後くらいには担当者が現場にいる。
このようなことを繰り返しながら、より大きな注文につなげていくのです。

弾を売り続けて、鉄砲を売る

●小さな修繕工事が大規模修繕工事につながっていった

お客様の訪問を繰り返すなかで、小さな修繕工事を御用聞きに対応するようにやっていました。本音のところは、改修工事のような大きな案件を受注したい。ところが、修繕工事のような仕事は細々としていますが頻繁にある。従来はそこで終わっていた仕事も、続けるとお客様の信頼につながり、別のお客様をご紹介いただけることも増えてきました。

鉄砲と弾でいうと、鉄砲は塗装と防水で、小さな修繕工事は弾ということができます。**弾を繰り返し買っていただくことによって、やがて少しずつ評価をいただき、鉄砲、さらに大砲の販売につながることも起こる**ようになったのです。

このような小さな修繕工事の依頼は、大規模改修工事の〝穴を埋める貢献〟もしてくれました。大規模改修工事は通常、15年くらいに1回行われます。すると、その間は大規模改修工事がないことになります。その15年の間を、ちょっとした改修工事や数多くの修繕工事で埋めることもできるのです。

鉄砲を売る間に小さな弾も売れる。誰でも入手できる大規模改修工事という大きな情報だけを追っていると、そこで受注してもまったく儲かりません。しかし、小さな修繕工事の情報を、細かくチェック・入手していけば、よりお客様との絆を強化することができます。加えて、他の大規模改修工事の情報も他社に先んじて入手できることもあり、ビジネスの好循環が始まるのです。

この好循環は、私がトップ営業を開始し、受注が取れ出した頃から、少しずつ始まっていきました。

当社は、株式会社武蔵野という経営コンサルティング会社から経営指導を受けていますが、社長の新規開拓営業も、武蔵野の代表である小山昇社長のアドバイスによるものでした。

もともと小山社長からは「鉄砲を売るより弾を売れ」と言われていました。しかし、どんなことかよくわからなかった。「大規模改修工事の注文が少ないなかで、規模の小さい戸建ての塗替え注文を受けていこう。これが弾だ」と考えていました。実際に、当社規模としては莫大な広告宣伝費をかけて『ぬりかえＤｒ．』というブランドも立ち上げました。ただ、それにより商売繁盛となっているとは言いがたい。やはり、戸建ても全体の塗替え工事は15年に1回なのです。

小さな改修工事とは、戸がガタついていてちゃんと閉まらない、カギが引っかかる、トイレを修繕したい、玄関の隅に水漏れがある、クロスが汚れてきたので張り替えたいなど。金額にすると数万円からかかっても50万円くらいです。

決して大きな額とは言えませんが、そういう仕事をきちんと行ってこそ、

3000万円、5000万円といった大規模改修工事を注文いただける。そう考えると、**小さな修繕工事は、大規模修繕工事の営業**です。営業に行って感謝され、お客様との信頼関係も維持できる。一石二鳥の取り組みといっていいでしょう。

極端な言い方をすれば、自社の本業である大規模改修工事を忘れるくらいにお客様との関係構築に時間と労力を費やしたほうが、いいビジネスとして実を結ぶ。そして、それは同規模の同業他社にはできないことでしょうし、大きなゼネコンにもできないこと。「鉄砲を売るより弾を売れ」の意味がようやくわかりました。

そして、それは私にとって念願の**下請からの脱却**を意味しました。

愚直な新規開拓で黒字体質化。元請への転換にも成功

●過去最高売上・利益を更新中

2016年は、実質の営業利益が弱干の黒字になるまで回復。

2017年度は不動産関係の新規開拓によるマンションオーナーから修繕工事の依頼がいくつか入ったものの、既存のお客様の受注が減り、売上はダウン。またもや4200万円の営業赤字に転落しました(経常利益は黒字)。この時期が一番つらかった。後から考えてみると、ちょうどお客様が入れ替わる端境期でした。

このときも私はずっと新規開拓訪問を続けていました。

なんとかしないといけないという私の気持ちが社員にも伝わったのだと思います。社員も、小さな仕事でも着実にこなしていこう、小さな仕事を大きな仕事につなげていこうという気持ちになってくれた。そうしたこともあり、**2018年は4000万円の黒字**に浮上。ここでようやくお酒を解禁しました。そして、**2019年は1億3000万円**に黒字が拡大。ピンチのときから取り組んできた「黒字体質化」が実ってきました。2020年も、コロナの影響がありますが、大きく落ち込むことなく、昨年と同程度の売上で推移しています。ようやく業績が乱高下することなく、着実に伸ばしていける状態になってきました。

●営業体制も組織化。自社をサービス業ととらえる

私の新規開拓活動と並行して、社内では営業体制の整備も行いました。具体的には本社営業部、介護施設営業部、プラント工事部の3部門に分けた。

このうち本社営業部で担当するマンションやビルの大規模改修工事では、急ぎの工

事ではないからと、お客様が大規模改修工事を1～2年遅らせてもいいと思ってしまうこともあります。

一方、介護施設営業部が担当する介護施設の改修工事では、いよいよ切羽詰まって「どうにかしなくては」という段階で依頼されるケースもあります。寝たきりの高齢者がたくさんおられる建物をその状態で工事を進めなければならないのです。入居されている高齢者や障がい者やその家族などにも細心の注意を払って対応します。それがわが社の使命であると考えて、協力会社と一緒に気を引き締め直しています。

介護施設については私が新規開拓で集中的に取り組み、ようやく花が咲き、実ってきた分野です。一般に塗装・改修工事では完成した姿が目に見えるのが大きな特徴ですが、それが介護施設にも生かされています。施設関係者はもちろん入居されている方にも「キレイになった」「見違えるようだ」といった評価をいただける。「施設管理者・入居者などのお客様の感謝の気持ち、『ありがとう』という言葉がストレートに感じられる部門で、やり甲斐があります。紹介をつないでいけば大きな受

注にもつながる。とても充実感があります」（介護施設営業部課長・長谷秀俊）

今後も高齢者は増え、介護施設も増え、そして大規模改修の時期を迎えますから、当社にとっては大きな成長分野の1つです。

また、プラント工事部も介護施設営業部と同様、今後、より拡大できる分野です。プラントというと、大企業の工場もありますが、中小の工場も老朽化したため修繕したいという要望が多くあります。中身の設備機器を新規に入れ直すと、その箱である工場の刷新も必要になってきます。すると、継続的な修繕が求められるようになる。当社にとってもリピートいただけるお客様になるわけです。

このプラント分野は当社と同規模のライバル他社が営業をかけようとしても、なかなか一筋縄ではいかない面があります。と言うのも、工場自体が1つの「村・集落」なのです。いったん業者として契約できれば、いろいろな修繕の問い合わせも来ますが、新たな業者はなかなか入りづらい事情があります。

ゼネコンのようにブランド力で勝負できない会社にとって重要なのは、情報収集力。

工場長やラインの担当責任者などとどれだけ親密になり、改修や塗装の情報が得られるか、また当社側がかゆいところに手が届くような提案を提供できるかにかかっています。特にお客様の工場の製造ラインに詳しくなれば、使ってはいけない材料や、そのラインに最適な材料の提案ができるので、専門的な情報交換をしやすいもの。その意味で、いったん懐に飛び込むことができればつきあいが長くなる傾向があります。

現場での施工工事はもちろん重要ですが、このように会社の組織体制として営業に注力していったことも、業績が安定してきた理由です。工事業や建設・リフォーム業という括りではなく、自社を**「サービス業」**としてとらえ始めたのです。

そして、サービス業である以上、力を入れるべきことが、明確になります。それが、**人の採用と社員教育**です。

第2章 行列のできる人づくり

毎週1回の戦術会議でお客様のニーズに近づく

●PDCAサイクルを回す

自社をサービス業ととらえなおすと、お客様との接点である社員のレベルを高めていく必要があります。大企業とは規模やブランドで劣る中小企業は、**教育によって1人ひとりの人材を差別化の手段に**しなければならない。

そこで、お客様から「阪神佐藤興産の中尾さんにお願いしたい」と言っていただける**「行列のできる人づくり」**をしたいと考えて、当社では社員教育、そして採用に取り組んできました。

私が営業活動に取り組み、そしてそれを組織展開したときから、取り組んでいるのが、部門ごとに毎週1回行っている**「戦術会議」**です。

戦術会議では、各社員が自分のお客様のところに出向いた際に、要望や期待などの「声」を聞いてきます。その内容を報告し、その報告に対して私や直属の上司、また担当取締役が行動のアドバイスをする。翌週は、そのアドバイスをやってみた結果を報告する。戦術会議は時間にして30分です。

たった、これだけのことかと思われるかもしれませんが、これを3年間毎週繰り返してきた。

お客様の声は小さなことであっても、そのとき実際に動いている現場での最新の情報です。その情報に対するアドバイスが有効に機能すれば、小さなことでも確実に改善されていきます。すると、その社員のお客様に対して何をすべきかの焦点が絞られ、一方で視野が広がっていく。それが営業と現場の活動の両輪のスキルになっていくのです。

そして、そのことにより、社員にとって目先のことだけではなく、〝目先の先〟を見据えたお客様への対応が可能になるのです。

かつては、私が社員に対して「ああしろ、こうしろ」と、直接思いつくままに指示をしていました。まったく組織的ではなく、ただ指示を飛ばすだけでチェックもしていませんでした。社員が理解しているのか、伝わっているのか、気にもとめていないかはまったくわからず、私の自己満足になっていました。

しかし、この戦術会議という仕組みを導入してからは、考え方や営業活動が整然となり、組織としての営業の方向性についても社員が共通の理解のもとに行動できるようになりました。

戦術会議は、**ＰＤＣＡサイクルを回す場**そのものです。

・社員が拾ってきたお客様の声をもとに仮説を立て（Ｐｌａｎ）

戦術会議でお客様の声を共有、対策を立てる

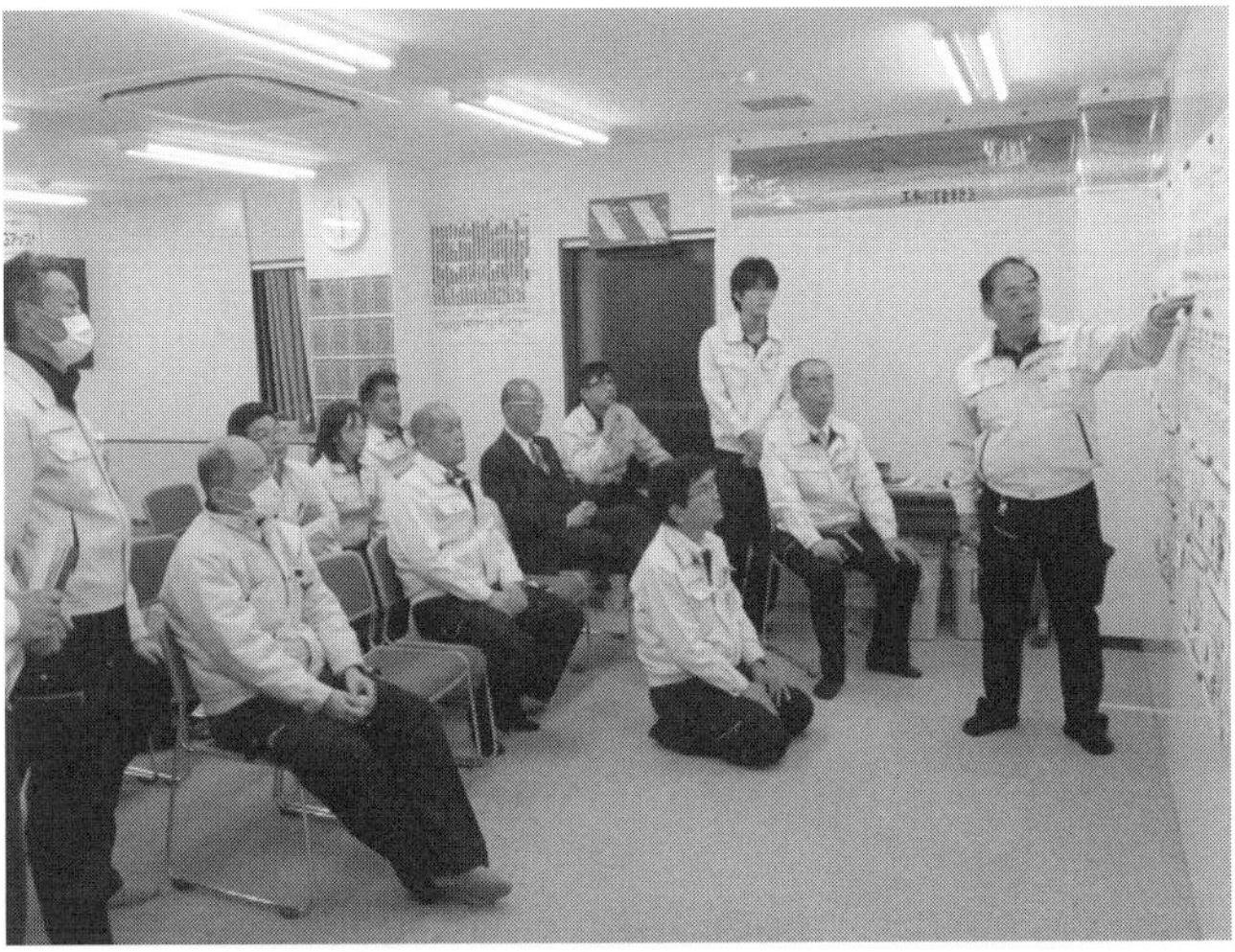

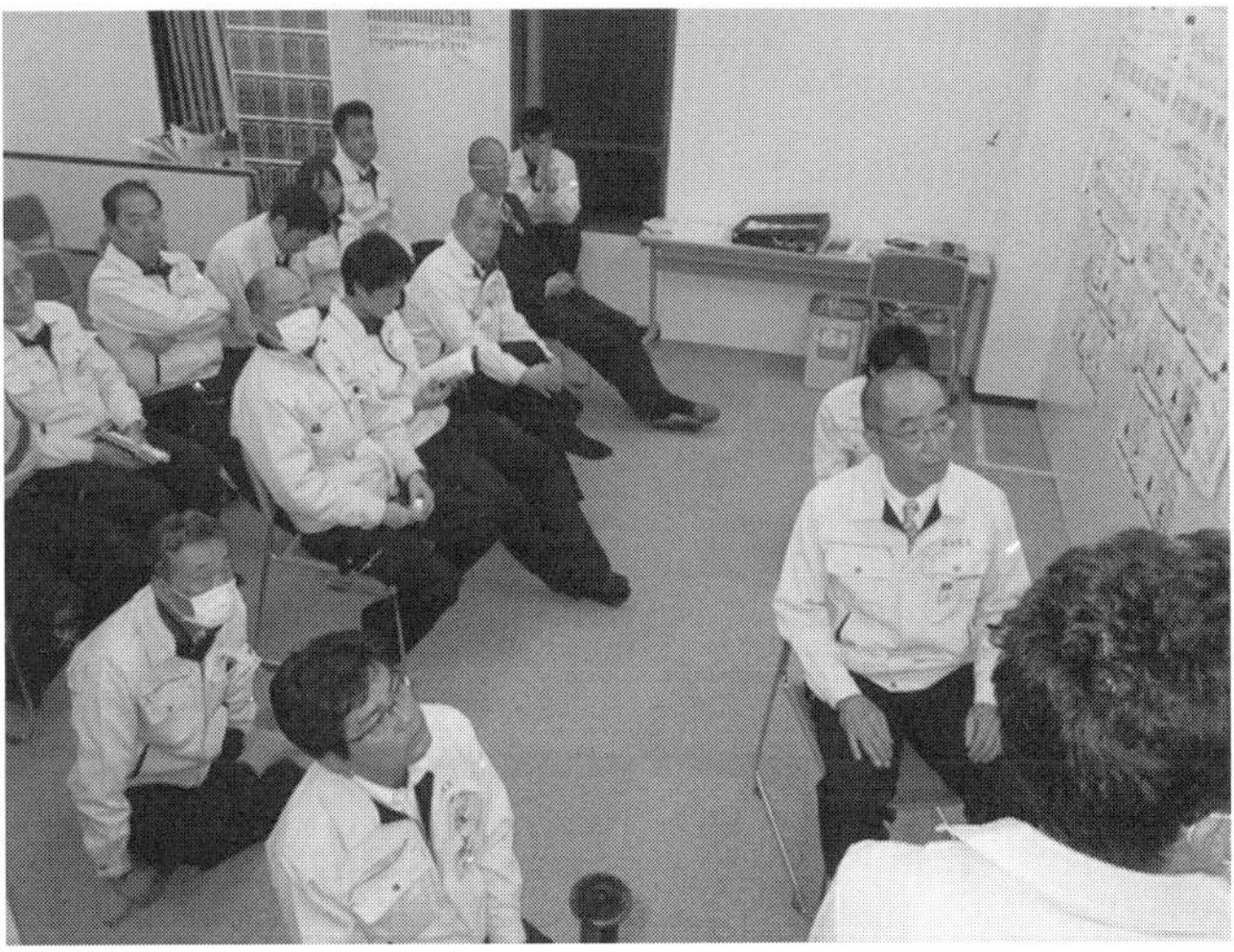

PDCAサイクルを回す場

・社長や上司のアドバイスをもとに実行し（Ｄｏ）
・翌週の会議でチェックし（Ｃｈｅｃｋ）
・改善策を考え、実行する（Ａｃｔｉｏｎ）

このＰＤＣＡサイクルをぐるぐる回しながら、お客様の本当のニーズに近づいていく。行列ができる人づくりのために不可欠な取り組みです。

環境整備で整理・整頓・清潔を徹底する

●環境整備は掃除ではない

社員教育のもう1つの柱が、前章でも紹介をした**「環境整備」**です。

環境整備は、一見すると、ただの掃除です。しかし、すでにご紹介したようにその目的は掃除とは明確に異なります。

・掃除……………拭いたり、掃いたりして、ごみやほこり、汚れなどをとること
・環境整備……仕事をやりやすくする「環境」を「整」えて「備」えること

掃除の目的は、ごみや汚れをとることです。

一方で、環境整備の目的は「仕事をやりやすくする」こと。仕事がやりやすくなるように、社内を、現場を「整」える。必要なものを、すぐに取り出せるようにして、仕事に「備」える（準備をする）。それが環境整備です。

環境整備には、次の3つの意味があります。

①整理
必要なものと不必要なものを分け、徹底して捨てる。やらないことを決める

②整頓
物の置き場所を決め、向きを揃え、いつでも、誰でも使える状態を保つ

③清潔
決められた時間に、決められた人が、決められた狭い範囲を徹底的に磨き込む

①の整理から説明をしましょう。必要なものと不必要なものが混在していては、いつでも、誰でも使える状態を保つことはできません。

つまり、整理とは捨てることです。**捨てる基準を設けて徹底的に捨てます**。

実はこれは、社員たちにとっては、戦略の訓練でもあります。使わないもの、つまり「やらないこと」を決めていくことで、「やること」にすべてのエネルギーを集中できるようになるのです。

整理の次は整頓です。具体的には次のことを行います。

1　物の置き場所を決め、名前、数字をつけて管理する。管理責任者を決める。
2　物の向きを揃える。
3　物の置く位置は、使用頻度に応じて決め、定期的にその位置をチェックする。

ここまでやるのかと思われるかもしれませんが、ここまでやります。

それは物を探す時間や手間を最小限に抑えることで、いつでも、誰でも仕事がやりやすくなり、仕事の質、スピードがあがるからです。さらに、現場では安全性が高まるからです。

なお、何をどう置くかは、すべて社長が決めるわけではありません。方向を揃えるようにとは言いますが、どう揃えるかは、社員が考える。状況や使いやすさを考え、試行錯誤しながら徹底していく。環境整備は、考える訓練の場でもあります。

最後は清潔です。環境整備の清潔は、あらかじめ作成した計画表に基づいて、各自がその日に該当する**「今日はここだけ」という部分を、徹底的にピカピカにしていきます**。そして、狭い範囲を集中的に磨き込むから「ここに傷がある」「汚れている」と気づく。つまり、気づく感性と集中力を磨く訓練でもあります。

このように環境整備は、ただの掃除とは違う奥深い社員教育の場なのです。

環境整備で整理・整頓・清潔を徹底する

仕事がやりやすくなる環境を整えて備える
（上：整理、下：整頓・清潔）

環境整備点検でPDCAサイクルを回す

●やらざるを得ない仕組みになっている

環境整備は、決められた時刻に、決められた時間行います。

2人1組になって、内勤の社員は毎朝30分。外回りをする社員であれば、出社時あるいは帰社時に30分行います（15分ずつ分けてもOKです）。

ただし、環境整備は、毎日やって終わりということではありません。

環境整備をきちんと行えているか、チェックする仕組みがあります。それが月1回行われる**「環境整備点検」**です。

環境整備点検チェック項目

介護施設営業部チェックシート

No.	内容		基準点数	評価
1	規律	サイボウズで1ヶ月先までスケジュール管理されている。	5	○
2	規律	車の事前チェックを受けている。	5	○
3	規律	新館3階会議室に(ここが変わったでshow！)の掲示と前月の横展開が出来ている。	5	○
4	規律	毎日の環境整備実行計画表に実行の印が記入されている。	5	○
5	規律	掲示物の更新をしている。	10	○
6	整頓	新館3階会議室の実行計画表の中間チェックを行い、その写真を貼って、チェック印を入れている。	10	○
7	整頓	新館3階会議室のABC分析表が更新されている。	5	○
8	整頓	3週間行動予定表が更新されている。	5	○
9	整頓	MQ実績表が期日までに更新されている。	5	○
10	整頓	机の引き出しに型枠があり、向きを揃えて収納している。ペン立ては廃止。	5	○
11	整頓	新館1階事務所のレターボックスが空になっている。(前日18時までに空にすること)	5	○
12	整頓	週間戦術表が更新されている。	5	○
13	整頓	施工現場行程表が更新されている。	5	○
14	整頓	書棚が整頓されている。	5	○
15	整頓	東倉庫の介護施設営業部の棚が整頓されている。	5	○
16	整頓	パソコンデスクトップのアイコンが整頓されている。(縦に4列以内or壁紙で整頓)	5	○
17	清潔	新館1～3F階段床・手摺・ノンスリップがきれい。	5	○
18	清潔	新館3階会議室床・トイレがきれい。	5	○
19	清潔	床にゴミが落ちていない。(30秒以内に5個以上で×)	5	○
20	清潔	コピー機がきれい。	5	○
21	整頓	全体の印象(扉共)A10点 B5点 C0点	10	A
合計			120	120

次回までの改善事項・コメント	前回指摘事項【半分出来ている：−5点 出来ていない：−10点】		
椅子の清掃をする			0

チェックするのは社長である私です。

チェック項目は前ページの図の通り。社内を5つのグループに分け、各グループのテリトリーごとにこれらの項目をできているか、できていないか点検していきます。この点数は、社員の評価と連動しています。やらざるを得ない、仕組みなのです。

そして､私がチェックしてできなかったところについては､社員はどこができなかったか、どうすればできるようになるのかを考え、次の点検に備えます。

また、各グループは半期に1回、環境整備に関する実行計画を立て、月ごとに整理、整頓、清潔の項目で実施する項目を決めます。そして、半年間の環境整備点検の結果を受け、次の半期の実行計画を立てていきます。

すでにお気づきのように、この**環境整備もPDCAサイクルを回す訓練**になっています。毎月1回の環境整備点検、半年に1回の実行計画づくりを通して、業務改善を行うための習慣を徹底的に身につけていくのです。

環境整備点検もPDCAを回すトレーニング

評価と連動するためやらざるを得ない仕組みになっている

一方、現場では現場監督の指導とチェックによって職人が資材の置き場所を整えたり、ゴミが散らかっていないよう清潔を保ちます。

そして社員と協力会社が合同で月1回、パトロールに行くようにしています。

こうした環境整備全般が「同業他社よりはるかにキレイ」と言われることにつながり、それが働く士気、現場の安全、現場見学会の開催とその場での受注活動など、すべてのことにつながっているのです。

戦略会計を身につけるMG研修

●社内の共通言語が生まれる

当社の教育の特徴の1つが、**マネジメントゲーム（MG）**研修に力を入れていることです。これは25年前から取り組んできた研修です。

MG研修とは、ゲーム形式の社員養成研修で、西順一郎先生が考案され、兵庫県の中小企業家同友会では広く活用されています。擬似的に300万円の資金を渡して、参加者が社長となって架空の会社を創業し、材料の購入、設備投資、人材の採用、広告宣伝、商品販売などの意思決定についてタイミングを見ながら行い、他社と競争しながら会社を経営していく。そして決算書をつくる。

この研修によって、**社員は戦略会計などを学ぶ**ことができます。

もっとも、MG研修はあくまでゲームであり、見えている市場に対して経営の意思決定を学ぶということになります。そのため、会社の仕組み、戦略会計などの知識は身につきますが、それで自分の会社が必ずよくなるとは限らない。実際にはライバルは見えないからです。その意味ではやり方に注意しないといけません。

とはいえ、この研修を社内に導入することによって、会社の共通言語が生まれました。これは、組織として動くときに強い。

たとえば、当社の経営計画書には「当たり前のことで我社の青チップを作る！」と書かれていますが、社員たちは皆、青チップのことを「研究開発」すなわち「競争力」であると理解しています。

なによりも、戦略会計の考え方を繰り返し身につけていくことで、**利益への意識**が高まります。

MG研修で戦略会計を学ぶ

利益への意識が高まる

また、わが社ではマネジメントゲームを採用でも活用しています。丸一日かけて、一緒にゲームをすれば、その学生さんがわが社に向いているかどうか、自然とわかります。

今年4月から中途採用で入社してきた長尾順也と柊崎翔太もMG研修を受け、P、V、Mといった戦略会計用語で話をしています。

経営計画書で考え方の整頓をする

●会社のルールブック

前項でMG研修によって社内の共通言語が生まれたと書きましたが、当社では「考え方の整頓」にも力を入れています。

小さな会社が、大手に勝るためには一人ひとりの力を高めるだけでは不十分。一致団結して立ち向かわなければとうてい勝ち目はありません。

そのため、**価値観教育**にも力を入れています。

教科書として使うのが**「経営計画書」**です。

経営計画書は、阪神佐藤興産で働く全社員のルールブックで、社員の行動の規範がすべて書かれています。

経営理念、経営目標はもちろん、環境整備に関する方針、お客様に関する方針、人材育成に関する方針、各部門の方針といったものから、報告やコミュニケーションに関するものや、喫煙に関することまで、事細かく決められています。阪神佐藤興産にとって必要なすべてのことが、経営計画書に盛り込まれているのです。

たとえば、礼儀の項目ではこのように書かれています。

(1) 明るい笑顔と大きな声で相手より先に挨拶する。
(2) お客様から、「取引先で、一番さわやかな挨拶をしてくれる会社」と言われるようにする。

もちろん、ただ作っただけでは、社員の考え方がそろうかといえば、そんなことはありません。

経営計画書は会社のルールブック

必要なことがこの１冊にすべて書かれている

そこで、折に触れて、この経営計画書の内容を社員たちに定着させる機会を設けています。それが**「早朝勉強会」**です。

これは毎週水曜日の朝に社長が経営計画書の解説を行うもので、どのページを解説するかは、年間でスケジュール化されています。参加した社員はそれぞれ感想を、ボイスメールという音声ツールを使って、共有する仕組みです。

参加は自由ですが、参加をすると**「100回帳」**というスタンプカードにスタンプを押してもらえる。これは、前述したMG研修など各種研修・勉強会などに参加すると、スタンプを押し、100個貯まれば一定の報酬が支給されるという仕組みです。お金で釣っているとも言えますが、動機が不純でも学ぶことに価値があります。

早朝勉強会は、2020年8月末時点で、**累計560回**を数えました。

ちなみに、経営計画書を最初につくったのは、1996年で、場所は福崎にある中小企業大学校「沙羅の郷」でした。神戸のサンエースの永来稔章会長のご紹介で兵庫県中小企業家同友会に入会し、直後の経営指針成文化セミナーでのことでした。

経営計画書定着のための早朝勉強会

同じことを繰り返し学び考え方を揃える

ＰＭ研修で個人の実行計画を作成する

●3カ月に1度検証を行う

「ＰＭ（ポテンシャル&モチベーション）研修」は、経営計画を個人レベルに落とし込むものです。

研修の内容は、経営計画書に沿って、部門の実行計画から個人の実行計画までを作成するというものです。かつては会社の経営の方向性と個人の方向性、また上司と部下のコミュニケーションにズレがあり、その擦り合わせに時間がかかっていました。そのため、合宿形式で行っていましたが、今はそのようなことが少なくなり、1日で

PM研修で経営計画書の内容を個人に落とし込む

3カ月に1回ブラッシュアップする

効率よくつくれるようになった。

実施時期は3カ月に1回で年4回。当社は11月決算なので、12月、3月、6月、9月に行うようにしています。12月に作成した個人の実行計画を、PDCAを回しつつ3カ月に1回、ブラッシュアップしていきます。

当初は「そんなことをやらなくてもかまわない」「給料分をちゃんと働けば、それでよし」などと我関せずの社員がいたことも事実で、定着には時間がかかりました。しかし、会社として経営計画を明確に示し、そこから落とし込んだ自分の実行計画に社員がコミットメントできるようになり、おのずと「では、その計画において目標達成のために私は何をすべきか」と考えるようになってきました。このようなコミットメントができるようになったことは、社員が成長したことの証ともいえます。

資格取得の手当てを充実してモチベーションアップ

●技術教育にも注力している

社員のベクトルを合わせる教育に力を入れていますが、一方で、当社のような技術をアピールする必要のある会社では、資格がないとお客様から安心して仕事を任せていただくことはできません。

そこで技術教育として、当社では**全社員に「建築施工管理技士」の資格を取得することを奨励**しています。

実際に資格を取得するのは社員ですから、会社としてはそのアドバイスをしたり、資格取得のための環境を整備したりすることが中心です。

新入社員にはよく次のようにアドバイスしています。

「2級だったら、大学での学部に関係なく、20代、30代なら同じ問題集を2カ月ほどで3回やれば、まず合格する。入社1年半で取得できる資格だぞ。まずは2級をとろう。そうすれば、君の未来が開ける！」

資格取得を奨励するだけではなく、合格すれば収入アップする仕組みも導入し、モチベーションアップを図っています。具体的には2級を取得すれば**毎月1万円**、1級の場合は**毎月3万円**の資格手当を支給しています。

さらに施工管理技士には「建築」のほかに「土木」もあり、土木施工管理技士の資格を取得しても同様の手当がつきます。

すなわち、建築と土木の1級をとれば、両方合わせて**毎月6万円！　年間で72万円**

の資格手当がもらえます。
他にも手当の対象としている資格があり、自分の努力で収入が増やせる仕組みです。
これだけの手当を支給しているところは、同規模の同業他社で多くありません。そして、その手当の額以上に、資格を取得した社員は、男女にかかわらず将来〝食いっぱぐれ〟がないという〝保証〟がつくのです。

資格取得の環境をつくる面では、資格を取得したいと考えている社員は、前述の個人の年間実行計画に組み込むようにしています。当社はもともと残業の少ない会社ですが、その実行計画に組み込めば、周囲の理解もあり、終業後にさっと退社して勉強時間に充てることもできる。仕事の空き時間や休憩時間をうまく活用する社員もいます。

なお、建築施工管理技士の資格は、２級が選択問題だけですが、１級には論文が加わります。

選択問題は参考書を読んでぜんぶ覚えようと思うと、時間と労力がかかりすぎますから、問題集を何度も解いていくほうが効率的です。これが秘訣です。

また、論文といってもテーマは5ジャンルに絞られるため、先に自分で全ジャンルの論文をあらかじめ書いておき、それを覚え込んで当日の試験に臨めば建築系の学科を出ていなくても、合格の可能性は高いです。

社員は仕組みで教育する

●失敗の連続からたどり着いた結論

さまざまな人づくりの取り組みを紹介しましたが、こうしたことを体系的に整備できたのは、ここ5年ほど。それまでも、そのときどきに中小企業として実行できる対応をとってきましたが、なかなか成果が出なかったのが現実です。

もともと当社は職業訓練校、現在のポリテクセンターの仕組みを生かして人材を受け入れてきました。

中学を卒業して2年間、職業訓練校の塗装科に通い、卒業の見通しが立った生徒を塗装職人見習いとして採用し、当社に入社してからは塗装の見習いとして仕事の実務を一から教え、育てていきました。

複数年で合計5～6人を職業訓練校から採用してきました。

一方、学卒の中途採用に関しては、オーソドックスに求人情報誌への掲載をやってみました。しかし、当社の規模からするとその額が高いうえに、業種的にも求人の効果がほとんどありません。一方、その頃、私は神戸の中小企業家同友会に所属し、同友会が主宰する共同求人に取り組んでみました。その結果、数名の大卒採用ができました。

しかし、そうやって入ってきた社員たちは長続きせず、3年以内に辞めていってしまう人がほとんどでした。採用しては辞めて、辞めては採用するという状況が続いていました。

何度やっても、なかなか定着しない。その原因を私は教育にあると考え、教育を充実させようとやってきました。

しかしあるとき、その原因は教育そのものではなく、**私がすべてを教育していることにある**と気づきました。

私は、職人ばかりの社内で、教育できるのは自分しかいないと思っていた。おそらくそれは正しかった。しかし、だからといって私が教えることが、入ってきたばかりの新人たちに伝わるとは限りません。世代によるコミュニケーション・ギャップもある。そもそも私が社員たちにつきっきりで教えるというのは現実的ではありません。

そうすると、どうしてもかかわり方が中途半端になって、社員としては放置されている感覚になって、辞めていく。こうしたことを変えるには、やはり、私以外の人でもできる**組織的に「教える仕組み」**が必要だったのです。

ただし、この仕組みづくりでも、大きな課題がありました。

中小企業の常と言ってしまってはいけませんが、どうしても行きあたりバッタリで号令をかけて進めたことがうまくいかずにそのうちたち消えになったりすることがあります。

このように教育の失敗で行きつ戻りつしているときに、兵庫県中小企業家同友会の勉強仲間である、ＮＳＫＫホールディングスの賀川正宣会長が私に声をかけてくれました。

「佐藤さん、社長の仕事は『決定とチェック』ですよ。僕はそれを武蔵野の小山さんから教えてもらった。佐藤さんも社長の仕事と会社の仕組みづくりを、小山さんからしっかり教えてもらったほうがいいと思う」

その頃は、かつて同友会青年部でＭＧをやっていたときのように、いつも一緒にいたわけではありません。

しかし、賀川さんは年上の私のことまでよく見ていてくれて、絶秒のタイミングでこのように声をかけてくれた。賀川さんには心から感謝しています。

こうして社員を武蔵野が主宰する研修に参加させると同時に、同社の教育の仕組みを導入しました。結果は、「無師独覚」で手前勝手にやるよりもはるかによかったです。

●社員教育費は年間1500万円

社外の同じ研修に複数の社員が参加することで、基本の考え方が身につくとともに「考え方を揃える」効果がありました。

仕組みとは「自分はできるから大丈夫」というものではありません。誰がやっても、同じような成果を上げられる状態であってこそ、仕組みができていると言えます。「考え方を揃える」のは、このための共通基盤です。

コンサルティングを受けるようになってから**「ベンチマーク研修」**も行うようになりました。年に数回、社員数名が武蔵野で勉強している兵庫県内の会社に訪問し、その会社の仕事のやり方を学んでくる研修です。この研修はベンチマーキングそのものより、その振返りが重要です。

当社では、参加者がベンチマーキングの感想文をボイスメールに入れ、上司がそれにコメントをつけます。成長を続けている会社に行くと、成熟したと言われる塗装業界にいる当社にとって、大きな刺激になります。端的に言うと、ベンチマーキングは遅れがちな自社の立ち位置がわかる。同業者でも異業種でも、成長を続けている会社の躍動感に接し、それが、自分を鼓舞することにつながるのです。

現在、社員教育研修費は、出費ベースで年間1500万円をはるかに超えています（2019年実績値）。社内研修と環境整備の時間を含めて計算すると、**社員一人あたり約100万円**になります。

内定者にも教育をする

●入社後のミスマッチを起こさない

ここで、当社の採用活動についてご紹介しておきましょう。

まずは、合同説明会に参加して、次に当社独自の会社説明会を実施します。そこで、じっくり事業内容や建設業界の仕組み、市場などについて説明し、会社見学となります。さらに現場見学会を行います。学生は、実際の現場が、自分がイメージしていたものと（たいていはネガティブなイメージです）まったく違ったものであると感じ、この段階まで来ると、だいぶ当社で働くというイメージができてきます。このとき、場合によっては営業同行をしてもらうケースもあります。

また、私や社員と同行し、銀行訪問するケースもあります。ここで、組織人としての当社の社員の姿を見てもらうことになります。そして、学生に現場見学や営業同行についての感想文を書いてもらいます。

ここまでで、当社の側から選考して落とすことはまずありません。どの学生にも等しく、当社の仕事ぶりを理解してもらうことに重きを置いているからです。

その後、最終段階で社長面接を行い、選考して内定を通知します。私は合同説明会のときから関わっているケースも多いので、社長面接時に就職希望の学生と会うのは3回目、4回目というケースもあります。

内定を決めると、私は**学生の実家にご挨拶に行きます**。ご両親に**「ご子息（ご令嬢）が社会に役立つ立派な職業人として成長するよう、私が責任を持って育てます」とお約束をしに行く**のです。

すると、その席では「この子は小さいとき、こんなだった、あんなだった」と話が

社長の顔が見える採用活動を行う

ミスマッチが起きないように何でも答える

弾むのです。
私は入社してきた新入社員の顔を見るたび、ご両親の顔が頭に浮かびます。

内定者研修はMGを行ったり、懇親会を開いたり、卒業が近づけば営業同行のアルバイトに来てもらったりします。そして、入社時には、ほとんどの学生が当社に馴染んでいる状態になります。

数だけで言うと、学生を選んで落とせる状況にないのは業界他社とほぼ同じで、どうやって学生を集めるかに腐心しているのが実態です。ただし、自分たちの仕事をごまかしてまで学生を集めたいとは思っていません。それをすると、確実に、学生が勤め始めたあとに、ミスマッチが起こって辞めてしまうからです。学生はどのように考えているか、本当のところはわかりませんが、私としては採用において人選に妥協はしたくないと考えているのです。社長の私と価値感の合わない学生は採用しません。

2018年に入社した介護施設営業部の伊藤京子も、入社後のギャップはなかったと話します。
「社員、会社のイメージは入社前後で変わらず、ギャップがなく働きやすい会社です。建築や外壁塗装の仕事面ではゼロもしくはマイナスからのスタートですが、『1日1個は新しいことを覚えろ』と先輩に言われ、今は後輩に伝えています。新しいことを学んだり覚えたり身につけたりするのは、本当に楽しいこと。それを楽しいと思える人が当社には向いているとも思います。
例えば、図面と現地を見比べて、調査もして、積算もして、契約ができた瞬間は『やったー!』という達成感があります。入社2年目くらいから自分で『キングファイル』を作成できるようになって、他社より高い見積でも、私を信頼してくれて発注いただけたときはすごく嬉しかった。これをもっと向上させた姿が、仕事で『ありがとう』とお客様に感謝されることだと感じました」(伊藤京子)
内定を出してから入社までの間に、毎年実施する経営計画発表会にもご家族に出席してもらうようお願いしています。さらに、内定者には環境整備点検とその報告会にも出席してもらいます。

入社する直前には、鹿児島県の知覧に**「知覧研修」**に行きます。

過去の日本に戦禍の惨状があり、そのことを前にして自分自身のことを見つめ直してもらう意図があります。

内定者にとっては自分とほぼ同年代の特攻隊の遺書もある。その文字・文章を目のあたりにしたとき、ご両親や家族、会社の同僚、お客様など自分の周りの人たちの大切さをあらためて感じることができる。そのような宿泊研修です。

こういった内定者に対する研修はすべて、社長である私と価値感を合わせる目的で実施しています。

知覧研修で自分を見つめ直す

社員も交代で参加する

男女、学部関係なく活躍できる

●男の世界、ではない

当社は、**女性の採用にも積極的**です。現場とか塗装と言うと、〝男の世界〟をイメージされるかもしれませんが、そんなことはまったくありません。男性・女性に関係なく、新しい知識・技術を身につけたいと思う人にとって、それを実現し、かつ生涯にわたって活躍できる仕事です。

かつては、そのように言い切れない面もありました。現場は雑然として、炎天下も汗水垂らして職人が黙々と作業を進めていく。女性が来ようものなら「女の来るところじゃないよ」という顔をする職人がいたかもしれません。しかし、今はまったく違います。他社の現場はわかりませんが、少なくとも当社の現場はかつてのイメージとは180度変わりました。

しかも、現場に来る女性が有資格者になると、反応がまったく違います。「女だ、男だ」に関係なく、職人はその有資格者を自分に指示を出し、チェックする相手として対応します。

特に1級の資格取得者になると、男女を問わず引く手あまた。いったん休職しても、すぐに復帰でき、どの会社でも転職・再就職できます。どの改修工事会社も、建築施工管理技士がいなくて困っているからです（やりがいが伴うかどうかは別ですが）。

職人もそうした事情はよく理解しています。もともと無口で照れ屋、ぶっきらぼうな人が多いのですが、ちょっと打ち解ければ本当にやさしい。女性にとっては、働いてまったく損のない、男女の差別なく頑張れる、生涯にわたって活躍できる職場と断言できます。

新卒で入社した伊藤京子も同じ印象を抱いています。

「現場は外注先の職人のみなさんも礼儀正しく、挨拶などもしっかりとしていて、聞いたことにも即答してくれて、楽しいものです。『女だからナメられるのではないか』と最初は思ったけど、こちらのほうがしっかりしないといけない、という気持ちになります」（伊藤京子）

●学部を問わないポジティブな理由

大卒の採用に関しては学部を問いません。専門性を重視すれば工学系、建築系の学部に絞ってもよいのですが、そうした専門学部の学生の多くはゼネコンや建築デザイン会社、設計事務所などを目指しています。

学部を問わないことは、いわば背に腹は代えられない対応でしたが、そこに前向きな意義を見出すこともできます。入社してくれる新人、入社を検討してくれる応募者には、次のような話をしています。

「学部は問わないよ。どの学部でも、入ってからしっかりと教育します。その教育によって、例えば法学部なら法律と建築施工管理、**2つの専門家になれる**。これは外国語学部でも文学部でも同じで、2つの専門家になれることは大きな価値があるよね」

法律の専門家は弁護士、司法書士をはじめ、たくさんいます。しかし、法律と建築、特に当社の事業領域に含まれる建築施工管理の2つの分野の専門性を持つ人は、それほど多くはいないでしょう。このことに大きな意義があるのです。

2つの分野が得意な人間のほうが、1つの分野だけで勝負する同世代のライバルより、人生において「上」に行きやすい。

法学部の学生に「君は法律だけでこの先、人並み以上にやっていく自信がありますか？」と聞いて、今まで首をタテに振った学生はいません。

このように、**「『誰でもいい』とは違う『あなた』に仕事を発注したい」**とお客様に思ってもらえる存在になれること、そのことに価値を置き、その実現のために教育を行っています。

第3章 一体感をつくるコミュニケーション

社内のコミュニケーション・ギャップに悩んでいた

●「社長、話があります」におびえる日々

社員教育と並行して、この数年間で力を入れてきたのが、**社内のコミュニケーション活性化**です。それまで大卒の新卒採用を行っていましたが、前述のように入っては辞める、の繰り返し。自分が前面に立って育てようと考えていたことも大きな勘違い。その結果でしょうか、幹部や中堅と言うべき社員が育たず、会社全体のコミュニケーション・ギャップにずっと悩んでいたからです。

新人としては、当社に入っても、実態としては同期社員が少ないので仕事のことやプライベートについても相談相手がいません。3年、5年先輩の社員がいれば相談できる社員がいることになりますが、その先輩も辞めてしまっているケースも多い。

きっと社長の私に聞いたとしても、それでは相談に乗っていることにならないでしょう。どんなにフランクに相談に乗ったとしても、「そんなことで悩んでないで、まず早寝早起き。しっかり食べて、朝元気に出てくる！　そこからやで」と言って終わりだったでしょうから。そして、結局は、

「社長、話があります」

という新人や若手の一言を聞き、私は「またか」と思う。若手にそう言い出されたときはすでに手遅れで、グサッと背中から刺されたような気持ちになります。

では、どのようにそのコミュニケーション・ギャップを埋めていったのか。言葉にすると単純ですが、まず現有の中堅幹部とコミュニケーションをとりつつ、彼らと若手・新人のコミュニケーションの場をしっかりとつくったのです。

このとき私は**とにかく出しゃばらない**ことを心掛けました。

●「昭和」のコミュニケーションが通じない

社員とのコミュニケーションでは、これまでいろいろな失敗をしてきました。あるとき、新人・若手の5人を誘って、飲みに行ったことがありました。すると、新人の1人がまったく飲まないのです。

「どうしたんや？　きみは飲めないいんか？」

そう聞くと、

「いや、昨日ちょっと飲みすぎてしまって……」

今日社長と飲みに行くとわかっていたはずなのに、です。また、

「なんか、オレに聞いてみたいことある？」

「別に、ありません」

です。社長である私が何を言っても空回り。若者同士は普通にしゃべっている。私

としてはこのときの疎外感は半端ないものがありました。

「しまった！　オレと若手の間に立つ『通訳』を連れて来ればよかった！」と気づいたが、後の祭り。やるせないというか、後悔の念が強かった。

2018年の冬にも前述の若手社員とは別の3人を連れて飲みに行きました。このときのメンバーは、2018年入社の金田公典、伊藤京子、椿原圭河の同期入社仲良し3人組です。

今はコロナ禍で行けず残念ですが、新入社員向けの社会勉強を兼ねた「大阪コテコテツアー」です。

串カツ、ステーキ、寿司、キャバレー等5軒をハシゴして回りながら、食べて飲んでのコミュニケーションをとるのです。

集合は、吉本興業の本拠地、大阪ミナミの「なんばグランド花月」です。

キックオフの記念写真を吉本のキャラクター人形と一緒に撮ったところで約束しました。

「ええか、社長が飲むときにはみんな一緒に飲むんやぞ」

「はーい」

3人ともいい返事です。私としては以前の若手との飲み会で失敗しているので念押ししたわけです。

法善寺横丁の水かけ不動にお参りしてから、ご機嫌で1軒目に入りました。そこで全員でアルコールでいざ乾杯！ と思ったら、なんとジンジャーエールを持っている!!

びっくりして「さっき約束したやん!?」と言ったら、

「一杯目はアルコールは飲まない、これがマイルールです」

私は目が点になって、返す言葉もなかった。

社長との飲み会であっても自分のルールを優先することにショックを受けた。昭和生まれの飲み会ではあり得ないことです。でも彼らにとっては、これが普通です。

今の若者には、今までの自分のコミュニケーションのとり方がまったく通じない。

大阪コテコテツアー

「明治」が昭和生まれにとってはるか昔と感じるように、令和時代の若者にとっては「昭和」は「化石」です。

この自覚がなければ、今の若者とのコミュニケーションはとれない。痛いほど思い知りました。

なお、このときの金田、伊藤、椿原の仲良し3人組は、それぞれの部署で元気に活躍中です。

「口にチャック」をしてからうまくいきだした

●とにかく聞くことに徹する

結局のところ、それまでの私は社員にしっかり向き合っていなかった。それが、社内でコミュニケーション・ギャップが生まれていた原因です。

だから採用しても結局は定着せず、ほとんどが辞めてしまった。

そのなかで私が変えたこと。それは**口にチャックをして必要なこと以外は喋らず、聞き手に回る**ことでした。

社内のコミュニケーションが十分でなかった時期と現在、いちばん変わったことは何か。「口にチャック」と自分自身に言い聞かせることで、私自身が**人の話を聞くようになった**ことなのです。

黙って社員の話を聞いていると、気づくことがたくさんあります。そのとき思いついたことを、かつての自分は遠慮せず、バーッと話していました。つきあいが長く、ウマが合う人であれば、それでもいいでしょう。ところが、そうではない相手、特にまだ私との距離がある若い人にとっては、聞いているだけでつらくなるはずです。

この聞いていることすら面倒くさくなる気持ちを、私はまったく理解していなかった。理解していないから、自分が話したぶんだけ、コミュニケーションをとった気分になっていたのです。

自分が話すと、その間、相手の話を聞くことができませんし、相手は伝える機会を失ってしまいます。いろいろなことに気づくことができないままで時間がすぎていることになります。

人の話を聞くことができている人にとっては当たり前のことかもしれません。ですが、私がこの当たり前のことができるようになるにつれて、社内コミュニケーションがうまく回るようになっていきました。

前述の「大阪コテコテツアー」に営業サポート部の女子社員たちを連れていったときのこと。この「女子会」では、私はガイドに徹し、会社のことなど一切しゃべらず聞き役に回りました。すると「昭和のキャバレー」で横に座った店の女の子と女子社員が大盛り上がり。時間オーバーしてしまいました。社長の「口にチャック」は大切ですね。

EGでコミュニケーションの癖を知る

●EGとは人間心理の測定ツール

私がコミュニケーションの仕方をあらためるようになったきっかけの1つが、**「エマジェネティックス®（EG）」**という人間心理の測定ツールです。

EGは、脳神経科学の理論と70万人以上の統計をもとにして、アメリカで開発された人間の「思考と行動」の好みを分析するツールです。

EGでは、人間には、考え方・思考の特性と行動の特性があり、それを知ることが人間関係において重要だと定義しています。

具体的には、診断テスト（100項目からなる質問の回答）の結果から、プロファイルを作成。その人の特性を「4つの思考特性」と「3つの行動特性」で分析します。

EGのプロファイルを見ると、

- その人がどのような考え方をする傾向にあるか
- その人がどのような行動を取ることが多いか
- どのような学習方法を好むか
- 新しい状況に対して、どのようにアプローチする可能性が高いか
- 人からどう見られ、人にどう反応することが多いか
- 何を得意と感じ、何を不得意と感じているのか

などが明らかになります。

【4つの思考特性】

・分析型……合理的思考。数字やデータ、論理を重視。無駄を嫌う。論理的な分析によって理解を深める
・構造型……計画通りに実行することを好む。予測できる未来を好む
・社交型……人との関係性を重視する。人の気持ちを最優先する
・コンセプト型……さまざまなことに関心、興味、注意が向く。次々と変化する

EGでは、4つの思考特性を「色」であらわします。

・分析型……青
・構造型……緑
・社交型……赤
・コンセプト型……黄

診断テストによって「23％以上」の数値を占める思考特性は意識せずとも常にその

思考を使っています。そのため、顕著にその特徴があらわれることから、「顕性」と呼ばれています。23％を下回る特性は、意識しないとあまり使うことがない特性で、普段は潜った状態になっていることから「潜性」と呼ばれます。

人は誰でも「4つの思考特性」をすべて持ち合わせているのですが、パーセンテージの数値の高い順に使う頻度が高く、数値が低くなると使う頻度が低くなるのです。世界全体で見ると90％の人は2色以上の思考特性を顕性としており、1色だけ顕性の人は10％しかいません。4色すべて顕性という人も1％います。

【3つの行動特性】

・自己表現性……自分の感情を他人や世界に対して発信したいというエネルギーの強さ

・自己主張性……自分の考えや意見を「他人に受け入れてほしい」と感じる頻度及びエネルギーの強さ

・柔軟性………自分と異なる考えや状況、行動を受け容れようとするエネルギーの

強さ

それぞれの行動特性の強弱は「棒グラフ」によって示され、「左寄り」「真ん中」「右寄り」の3つの段階に分かれています。

右寄りに行くほど、他人からはその特性が強くあらわれているように見え、左寄りになると、他人からは逆に控えめにあらわれているように見えます。真ん中は、場合によって、左寄りのように見えたり右寄りのように見えたりします。

たとえば「自己表現性」が「左寄り」の人は、会議や打ち合わせでは「聞き役」となることが多く、感情をあまり表に出さず、表情やジェスチャーが控えめな傾向があります。

逆に「右寄り」の人は、会議や打ち合わせで「話し手」になることが多く、声、身振り、手振りが大きい傾向があります。

相手の特性に合わせてコミュニケーションをとる仕組み

●自分の普通と相手の普通は違う

ＥＧによってわかったことは、自分にとっての〝普通〟が必ずしも、相手にとっての〝普通〟とは限らない、ということでした。

ＥＧで自分の思考特性を分析してみると、私は、予測できる未来を好み、プロセスやガイドラインを重視する構造型（緑）と、ビジョンや新しいアイデアに興味を抱き、他と違うことを好むコンセプト型（黄）が顕性です。「緑」と「黄」とでは「黄」の割合が多く、自己表現性と自己主張性が右寄りのため、**パッとアイデアを思いつき、**

そのまま皆に同意を求めることが多い。

ところが、「赤」顕性の人は「こちらの気持ちを察してくれない」とか、「青」顕性の人は「論理的ではない」、「緑」顕性の人は「とっぴょうしもない」と感じてしまう。だから、「黄」が顕性の人は、「赤」「青」「緑」顕性の人に動いてもらうには、**それぞれの人がわかるような説明をしなければいけない。**

にもかかわらず、EGを知らなかった頃の私は「みんな、わかるやろ」と、そうした事情を考慮に入れず、一方的にコミュニケーションをとっていたのです。

EGを学ぶようになってから、「だから、コミュニケーションがうまくとれていなかったのか」と自分を客観的に見ることができるようになりました。

EGのプロファイルは、先述のようにそれぞれの特性が色であらわされており、その人の特性をひと目で理解することができます。

そこで、**プロファイルを社内で共有する**ことで、他の人がどのような行動や考え方を好むのか確認でき、円滑なコミュニケーションの実現を目指しました。

現在は、相手のプロファイルを頭に入れながら、そして自分の思考特性・行動特性を踏まえながら、コミュニケーションをとるようにしています。

もちろん今でも、失敗をして、思いつきで一方的に話してしまうこともあります。私がいきなり突拍子もないアイデアを発表したとしても、「赤」の思考特性が顕性の幹部や中堅が「社長、あの言い方だと伝わっていませんよ」と教えてくれ、あとで社員たちに翻訳してくれたりします。


社員同士も同様で、相手のプロファイルがわかることで、自分の〝普通〟が相手にとって普通ではないとわかり、時に〝翻訳者〟を介しながら、伝わるコミュニケーションを心掛けてくれているように感じます。

これからも、**それぞれの社員の「多様性」を大切にする**会社であり続けたいと思っています。

EGのプロファイルを社内に掲示して共有する

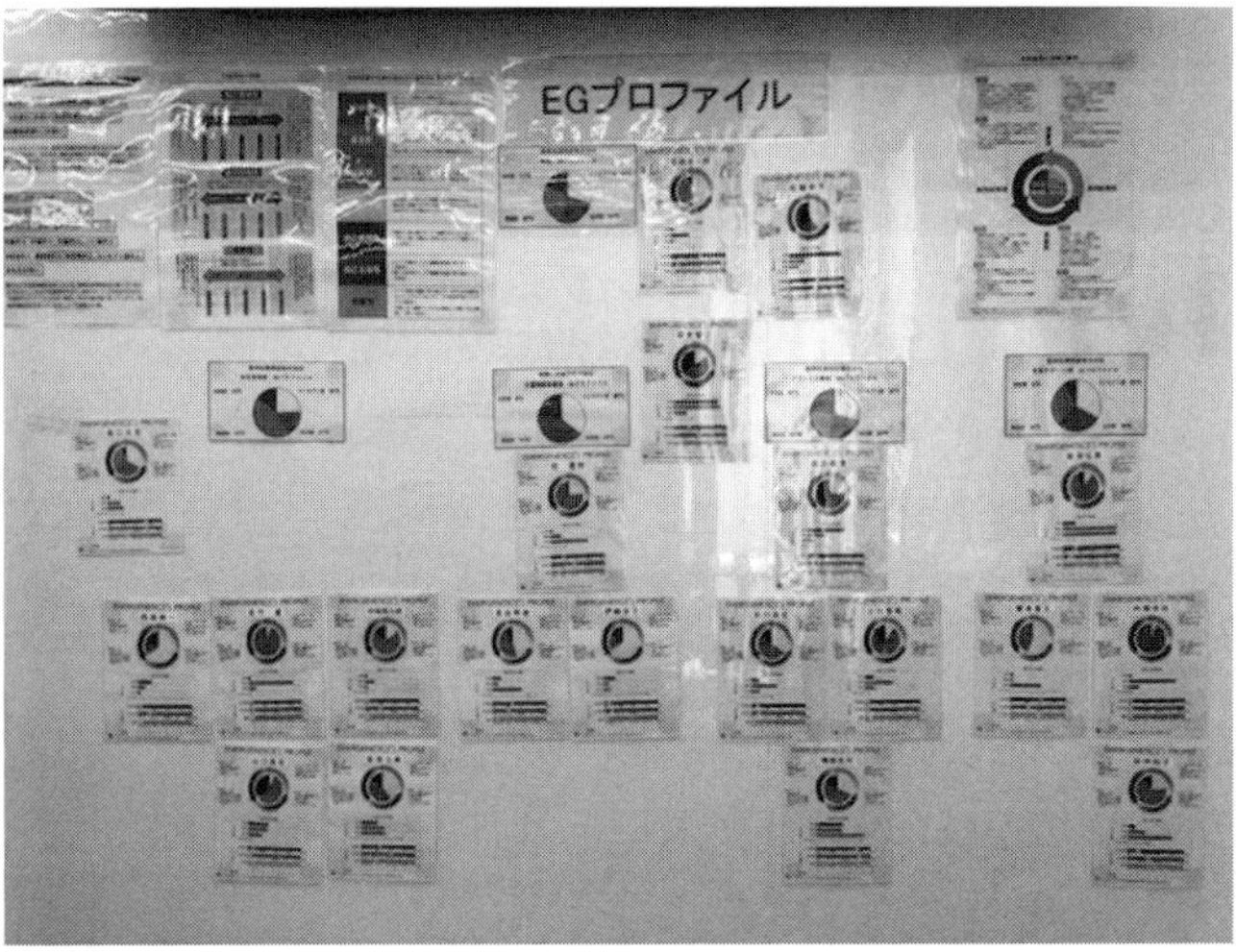

相手のことを理解しようとする雰囲気が生まれる

ボトムアップ懇親会で前向きな提案が生まれる

●コミュニケーションは回数が何よりも大事

会社としてコミュニケーションの活性化に取り組むことは、経営計画書に方針として明記しています。

4　コミュニケーション

（1）社内の人間関係においては、コミュニケーションを第一とする。時と場所を同じにして、情報と感情を共有する。

そして、私がコミュニケーションで重視しているのが**回数**です。年に数回、長い時間コミュニケーションをとるよりも、短時間でもしょっちゅう顔を合わせて話をしていたほうが親近感を抱く。人とはそういうものだからです。

そのために行っているのが、定期的な懇親会です。

飲食は、人をゆるませます。同じ時間、飲食をともにすることを繰り返すことで、本音が出やすくなってお互いの距離が縮まっていきます。そこで、懇親会の頻度や、会社の費用負担のルールを経営計画書に掲載しています。現在、行っている懇親会は、次の5つです。

①ボトムアップ懇親会（月1回）
②誕生日会（月1回）
③PM研修、MG研修、EG研修後の懇親会（適宜）
④部門懇親会（3カ月に1回）
⑤グループ懇親会（月1回）

このうち、「ボトムアップ懇親会」は、参加した社員が順番に質問や提案をし、私が回答する形式をとっています。

私は社員が知る他社のやり方を聞くこともできますし、社員にとっても違う角度からの考え方の回答を聞いたり、広いものの見方を知ることにより、自分たちの仕事のやり方の再発見につながったりもします。普段のコミュニケーションのなかでもできることですが、あらためて懇親会という場を設け、そこで1つのテーマを深掘りして話し合うことができるメリットがあります。

●ボトムアップ懇親会で社長に提案！

ボトムアップ懇親会で話し合い、採用した施策の1つに「サンクスカードの毎週集計」があります。社員同士、何かやってもらったことに感謝の気持ちをカードに書いて、そのカードを相手の社員に渡す。カードの枚数を集計して、その枚数をグラフにして掲示する。競わせることはありませんが、どの社員が感謝されることが多くて、

会社が費用を負担して懇親会を行う

コミュニケーションは回数を重視する

どの社員がたくさん感謝しているかもわかる。いわゆる人を優しく元気づけることが好きな、感謝することに素直な社員が浮き彫りになります。

以前はこれを月1回集計していたのですが、締め切り間際にまとめてやっつける（笑）社員が多かった。そこで、営業サポート部の内間市枝の提案に従って毎週集計に変えると、枚数のハードルが下がって、内容もよくなった。今では毎週集計がなじんでいます。

塗料販売の新規営業に取り組んでいる栗本寛久から「肩書を入れた営業専用の名刺をつくっていいか」という提案もありました。一般社員に関しては、つけるべき肩書がありません。それでも営業部門としては営業活動を行わないといけない。「平社員だと営業活動をしにくい面もある。たとえば『販売チーフ』などの肩書があったほうが営業活動しやすい。だから肩書をつけてもいいか」という提案でした。

私は「いいよ、ぜひ、やって」と答えました。ちょっとした提案ですが、とても前向きです。このような提案をたくさん採用していけば、コミュニケーションの円滑化

感謝の気持ちを伝え合うサンクスカード

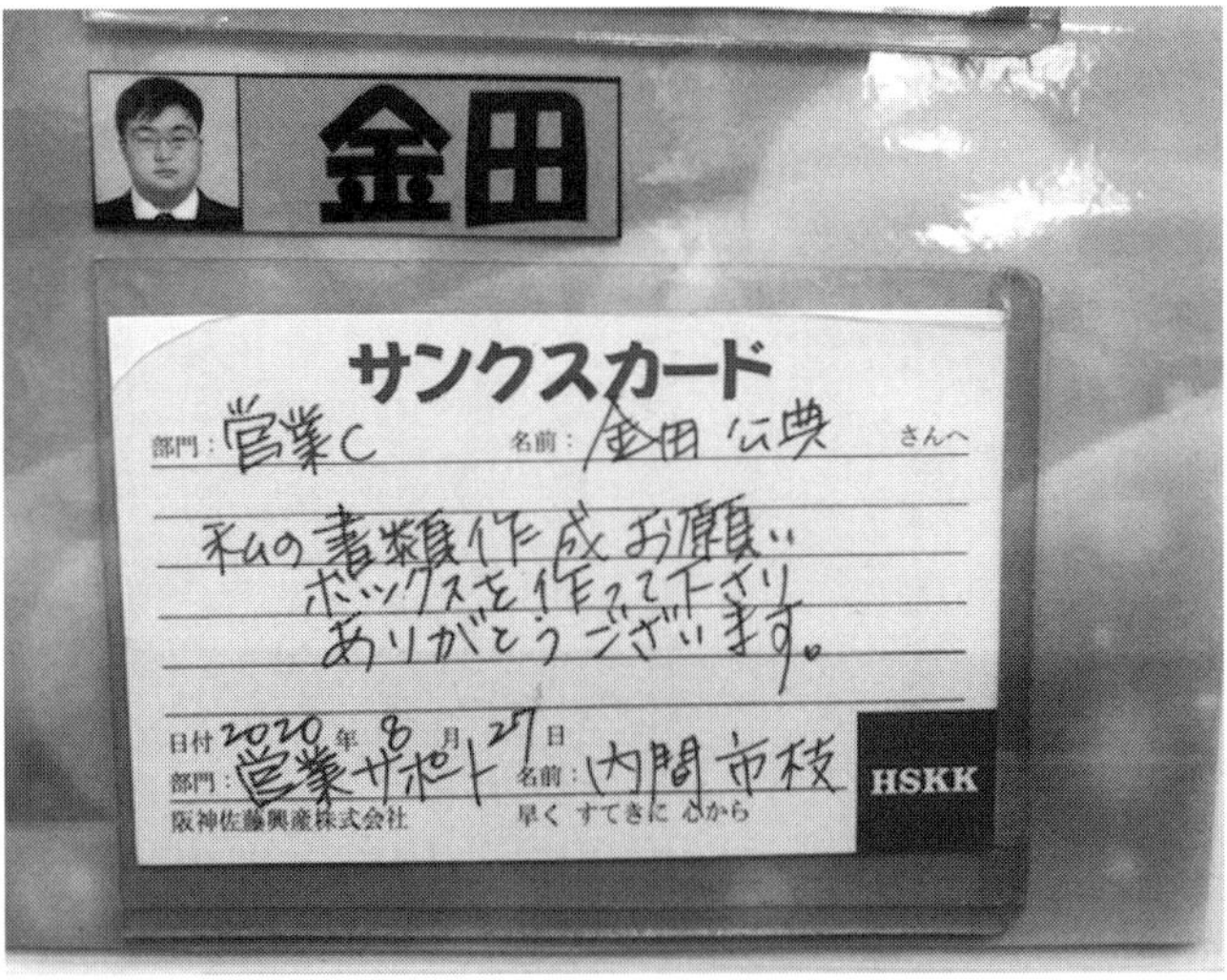

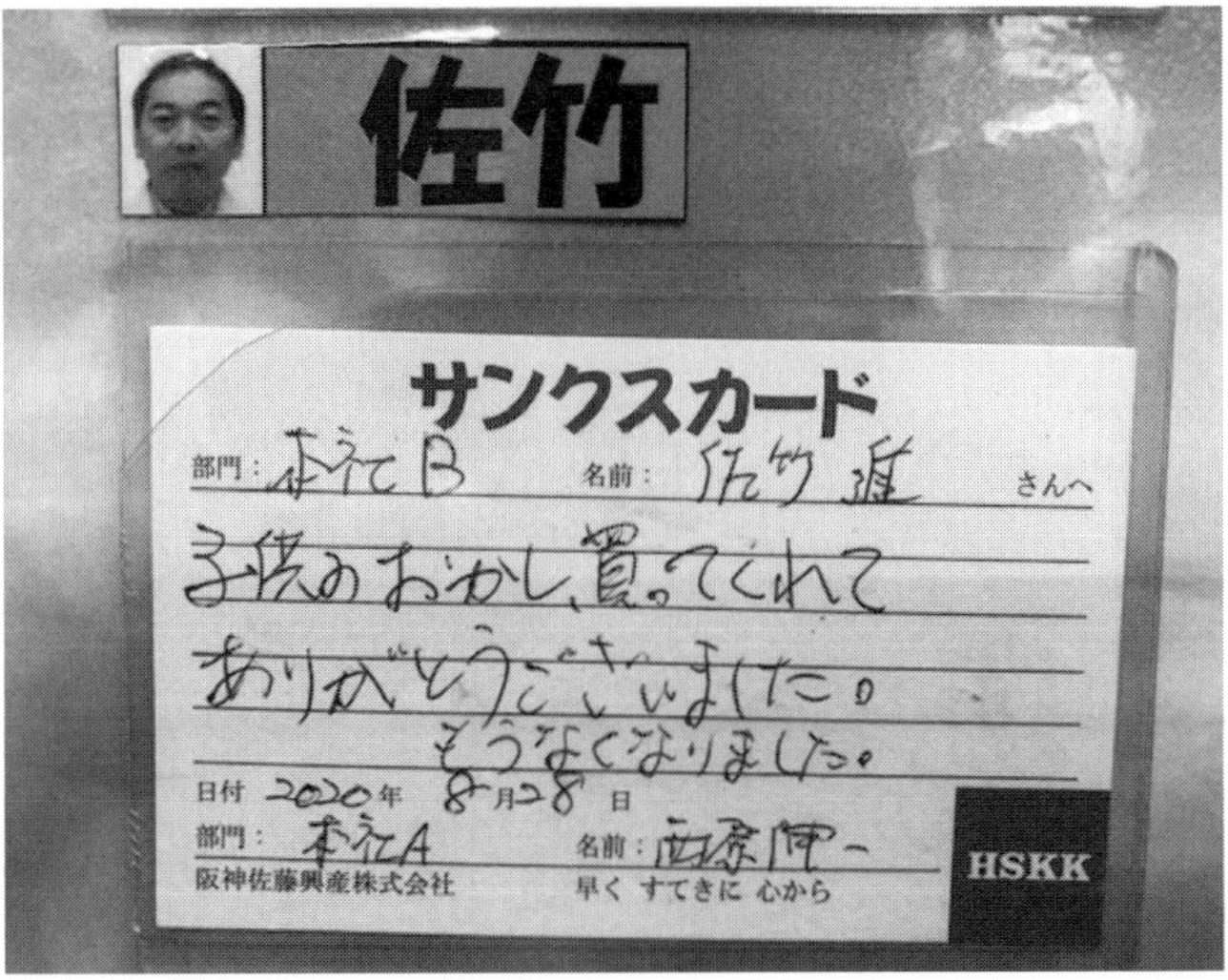

と一体感の醸成につながっていく。

このほかにも社員用携帯電話をガラケーからスマホに変えたり、後述する「ほほえみ休暇」を導入したりすることも実現しました。このようなちょっとした提案は、本人の要望だけを満たすようなものだと、コミュニケーションの活発化にも業務の改善にもつながりません。そうではなく〝横展開〟できる提案であれば、活発なコミュニケーションや改善につながっていく。そのことが大事です。

そして何より、一般社員が社長に「モノを申してもいい」場があること、そして社員が**「うちの社長は、一般社員の言うことも、きちんと取り上げてくれる」**と感じることがモチベーションアップにつながります。

●厳しい意見も受け止める

ボトムアップ懇親会の初期の頃は、辛辣な意見や質問が飛び出しました。

他の社員の給料を知った社員が涙目になって、始まるとすぐ聞いてきました。

「僕の給料はなぜこんなに安いのですか!?」

彼は決死の表情でした。

私はいきなり刺された気分です。

彼の場合は、自分自身の「こんなにやっているのに！」という自己評価と客観的な評価がかなり離れていたのです。

ボトムアップ懇親会の場ですから、他の社員も聞いています。私は、この質問に他の社員も納得できる説明をしなければならない。このとき、「君の個別の評価については、あとで話をしよう」とお茶を濁してしまった。社長としてその場で社員に納得できる説明ができなかった私が大いに反省すべきことでした。


しかし、和気藹々と終わるとは限らないボトムアップ懇親会は、社長として大いに学び、覚悟しなければいけない場であることがよくわかりました。

活発なコミュニケーションは気が合う仲間同士であれば自然にできることかもしれませんが、一体化を目指す会社組織においては乗り越えなければならないハードルがあります（私にとっては「口にチャック」がハードルです）。それを乗り越えてこそ実現できることだと思うのです。

現在は新型コロナ禍でリアルの飲み会は思うようにはできませんが、それぞれの社員が自宅でできるオンライン飲み会でも１０００円を会社として補助しています。

給与面談もコミュニケーションの場

●答えにくいことにも真剣に答える

給与体系については、ボトムアップ懇親会にかかわらず、整備を進めてきました。「どういう仕組みで給料が上がったり下がったりするのかわからず、不安だ」という理由で退職する社員が過去にいたことが背景にあります。**5年後、10年後に自分の給料や待遇がどうなるかを表に示しながら毎年の昇給や賞与の額について個人と話し合います。**

会社・社長と社員の間に、疑心暗鬼になるようなことがあってはならない。コミュニケーションを活発にして不安を取り除き、一体感をつくることが大切です。

給与額については、通常は6月に社長と上司、本人の3者で面談して通知します。給与に関連するデータをもとに、その社員の取り組みについて複数項目で評点し、総合点で評価ランクに位置づける。A評価なら昇給はいくら、B評価だからいくら、といった評価と金額を連動させて決定します。

「何か不明な点はある?」と私が質問しても、社員は「ありません」と答えるケースが多い。しかし、なかには答えに窮することを聞いてくる社員もいます。社長と上司と社員、いわば1対1の場ですから、そうした**〝答えにくいこと〟にも誠意を持って答える**ことが、組織には欠かせないことです。

社員1人ひとりの評価内容や昇給金額まで公表することはありませんが、いったん降給となった社員がその後、昇給を続けることもあり、社員同士、各自の評価ランクについては互いに知っています。これを透明性と言うことができるかはなんとも言いがたいところもありますが、一体化を目指す組織においては、社長が誰をどう評価しているかを知っておくことも必要だと思います。

なお、当社の社員には新卒もいれば、中途入社の社員や第2新卒もいます。いろいろな経歴の社員がいるなかでは、評価は一定の基準に基づいていても、実額が年齢にそぐわないケースも出てきます。端的にいえば年齢が高いけれども当社での正社員としての勤務歴は浅いため、若いけれども勤務歴が長い社員のほうが、給与額が高くなるようなケースです。そうしたいわばイレギュラーな状態は、できるだけ入社して数年のうちに調整していきます。

●利益は人の定着のために使う

給与体系が形になったのは2017年、業績が回復したあと、もう一度落ちたときのことです。成果のみを重視して昇降給を決めているのであれば、当然ながら、2017年の昇給幅は著しく低いかダウンもやむなしでしょう。

この年には平均してなんと**前年より7％アップ**しました。わが社の業績は厳しかったものの、今いる社員の不利益にならないように、全体の整合性をできる限り考えた給与体系を導入するために、必要なコストと考えました。

かつて、若い頃には、「会社の業績が上がれば、それだけ会社はトクをする」という考えが、私自身の心の片隅にはありました。でも、そのようなことはあり得ず、私のそうした考え方自体が間違っていた。給与体系の構築では、その部分の考え方をあらためた。新卒社員の採用に莫大なお金をかけるなら、そのぶんを多少抑えても現有社員の賞与に振り向けようと取り組んでいます。

人が定着する会社でない限り、コミュニケーションも人材育成もない。当たり前のことですが、そのことの大切さを感じています。

ちなみに、2019年の賞与の最高額は、冬のボーナスで**160万円**でした。昔の当社を知るベテラン社員は、「ずいぶん変わった、いい会社になった」と驚いています。標準的な社員の場合は、新卒入社3年目で30万円を超えるくらいですが、その後の成長、成績によって、賞与額がぐんと伸びる社員もいます。

本来、給料や評価については社員全員が納得できる額や制度はないのかもしれません。しかし、少しでも多くの社員が納得し、気持ちを込めて働ける待遇を整えることが重要です。その不断の努力を会社が行っていることを社員に理解してもらうことも重要です。

一方で、単に**高い給料をとる社員がたくさんいること**よりも、**高い給料をとるために自分がもっと成長するぞ、と考える社員がたくさんいること**のほうが、もっと重要だと考えています。

10年続けている誕生日会

●好きなお店に連れて行ってもらえる

「誕生日会」については、組織的なコミュニケーション活性化に取り組む前から、行ってきたことでした。

同じ誕生月の人が集まってその月に社長と誕生日会を行います。お店は、誕生月の人たちで相談して決めて、社長の許可を得るスタイルです。

これも、前出の賀川会長から勧められて始めたものですが、当初、私は「そんなこと、やる必要があるの？」という気持ちがありました。しかし、賀川会長に「佐藤さんは社員と正面から向き合っていないところがあるから、絶対にやり続けないとダメですよ」と言われ、10年以上やり続けてきました。

誕生日会を始めた頃は、

「何か、社長に聞きたいことある？」

「特にありません」

という会話で、食事だけでほぼ終わっていました。ところが、今では、

「この店に行きたい」

「せっかくだから、社長の馴染みの神戸のワインバーに連れてってください」

と社員から店を指定されるようにもなってきた。私も社員との誕生日会が毎回とても楽しみです。

社員の一番人気は、尼崎の焼肉店。尼崎は関西でも焼肉の評判の高い店がたくさんあります。そのなかでも、ピカイチの名店に行きます。

帝国ホテルの鉄板焼き店（！）に行くリクエストもありました。結構な値段がしま

すが、お店は社員が決めるというルールなので、無下に断るわけにもいきません。そこで一計を案じ、

「オレは約束やから連れていくけど、今、成績の上がっていないオマエが帝国ホテルに行ったと他の社員が聞いたらどう思う？」

「（！）そうですよね。自分だけ帝国ホテルの高級鉄板焼きというのも、ちょっとマズイですよね」

「そやろ。でもな、行きたいお店に行く約束やからな、昼に行くのはどう？　昼でも帝国ホテルには違いないからな。ほかの社員には『約束通り帝国ホテルに昼に連れて行ってもらった』と言っとけばどう？」

ということで、昼食にしました。いろいろ気をつかってはいますが、気をつかっていることをわかってくれる社員がいることは本当にありがたく思います。

今では、新人との初めての誕生日会はお互いにそれなりに緊張もしますが、以降はおもしろおかしく、ワイワイガヤガヤと社員も私も楽しんでいます。

月1回行う誕生日会は人気行事

お店は社員が指定できる

余談ですが、社員最年長の小川喜昭は、私の秘密の隠れ家の日本食居酒屋が大のお気に入りになったようで、最高に旨い酒の肴と日本酒に舌鼓を打ちながら、「社長、来年もココでお願いします」と今までにないほど、ご機嫌の笑顔でした。

社内レクリエーションは部門横断で

●会社に一体感が生まれる

社内レクリエーションもコミュニケーション活性化のうえでは、重要です。

当社での社内レクリエーションは、もともと釣りとかゴルフとか、やりたい社員が勝手にやっていました。ただ、やりたい社員がただやっているだけでも会社としては発展性がない。組織としてホームページなどでPRもできない。そこで、そうした社内レクリエーションを、まず当社のホームページにある社員ブログで公表してもらうことにしました。

社員ブログでオープンにすると、「実は何もやっていません」ではマズイので、イベントでも何かやろうとしますし、ちょっとウケねらいのこともやってみようとします。その一体感が醸成されることがコミュニケーションの活性化には重要です。

特に、特定の社員とか部署に偏らず、部門横断的なところがいい。そのようなことから、普段のコミュニケーションがしっかりとれて、自立的に仕事が進められるようにもなるのです。

あるとき、普段は口数少なくおとなしい山口高志が、

「うち最近、忘年会ってやってないですよね。久しぶりに、やってみたいんですが」

と言ってきた。普段の彼を知る人なら、あり得ないセリフです。

「おっ、そうか。じゃ、盛大にやろう！　オマエが幹事やで！」

本人もまんざらではない様子。山口は司会もやり、忘年会は全社員で大盛り上がりでした。

社内レクリエーションは部門横断で行う

なお、社員旅行はもう15年くらいやっていません。社員から提案があればやってもいいとは思っていますし、仕事を離れた旅行が社員の親睦を深める意義があることも理解しています。そこまで会社がやらなくても、それぞれの社員が思い思いのことをやればいいのではないかとも感じていましたが、はたして令和の時代にはどうするのがいいのでしょうか。

私は社員の提案を待つことにしています。

IT化でコミュニケーションのスピードアップに取り組む

●iPad、ボイスメールをフル活用

コミュニケーションのツールについても説明をしておきましょう。

現場がある仕事というと、古い会社だと思われるかもしれませんが、たとえば日報報告は**iPhone、iPad**で済ませます。文字を打ち込む必要はなく、音声入力です。そのほうが速いです。「帰社して自分のデスクで日報を打つ」などということは、昭和の化石時代の習慣です。社内の決まりとしては15時から18時の間に日報を入れればよいことにしています。

一方、営業サポート部は業務上のコミュニケーションが中心です。営業マンへの電話が外部からかかってきた場合は、3分以内にさまざまな方法を使って担当の営業マンに連絡をつけます。返事がない場合は二の矢、三の矢を放ちます。

また、メンバーはEGで見ると赤顕性と緑顕性で、人の気持ちがよくわかり、かつきちんと確実に業務をこなしてくれます。特性を活かして最適なパフォーマンスを発揮してくれています。

釜田弘美が率いる営業サポート部は、経理・総務の仕事が中心で、塗料販売の栗本寛久を除くと、メンバーは女性3人です。リーダーの釜田の下に内間市枝と田中知子がいて、テキパキとミスなく、経理と営業事務をこなす大変優秀な事務の軍団です。ダブルキャスト、トリプルキャスト化も進んでいて、誰か1人が休んでも難なく業務が進む体制をつくりあげました。

しかし、ペーパーレス化はまだまだ進んでいません。

コロナ禍で、毎日ではないとしても、テレワークが必須になったことで、問題点が明らかになってきました。印鑑が必要な書類が多く、この優秀な事務軍団をもってしても、ただちにペーパーレス化・IT化が進まないのです。

社員からの毎日の日報、業務報告とは別に、社員が毎週1回、小山社長の著書『仕事ができる人の心得』（CCCメディアハウス）の一節を読み、その感想を**ボイスメール**で送ることにしています。そして、上司がコメントをする。コミュニケーションは相対で行うことが理想ですが、いつでも相対でできるわけではない。それでも回数を意識して増やしていくことが欠かせません。回数を増やすことにより、考え方をだんだんと統一することができるのです。それがあってこそ、相対したコミュニケーションもストレスなく行うことができます。

以前は社員同士の考え方に食い違いがありました。特に、他社の考え方で育ってきた中途入社の社員がいるときなど、そのことがもとで口論になったこともありました。ところが、ボイスメールでの日々のやりとりを行うようになって、そのような行き違いもすっかりなくなりました。

新卒社員については、内定者の時代から、さまざまなことの感想をボイスメールに入れてもらうようにしているので、入社時に考え方の行き違いはほとんどなく、スムーズに溶け込んでもらっています。

なお、日報に目を通すことはもちろん、社員のボイスメールをすべて聞くのは社長である私の大事な仕事です。多い時で**1日1時間半**。特別な時には**1日に50本以上**になります。エネルギーを要しますが、社員の理解のためには必要なことだと思っています。

チーム活動は交流、情報交換のための仕組み

●YouTubeチームを新設

会社にあるのは縦のコミュニケーションだけではありません。横のコミュニケーション活性化にも取り組んでいます。

当社の社員は全員、部門横断で次のチームのいずれかに所属します。

・環境整備チーム　全社で行う環境整備のまとめ役

・安全チーム　現場の安全面についてのまとめ役

・採用チーム　新卒・中途入社を含めた採用全般のまとめ役

ここに新たに**YouTubeチーム**が加わりました。YouTubeチームのスーパーリーダーは、プラント工事部の谷川昌宏です。若手2人を率いてリーダーシップを発揮しています。チーム活動としては、当社の仕事全般について紹介し、YouTubeとホームページに載せる、いわゆる広報の役割を果たします。YouTubeチームは現在、コンサルタントの指導を受けて、自社のYouTube番組を持ちました。

このYouTubeチームでは当社の改修工事の実績を紹介するほか、WITHコロナの時代に合わせて、ウイルス対策に効果のある「光触媒」コーティングの実績を紹介しています。2020年入社の時任夏樹はYouTubeチームで、田中康太は環境整備チームで活躍しています。

こうしたチームでの取り組みによって、仕事上の縦の組織だけでなく、社員同士の横のつながりができ、一体感の醸成に大変大きな効果があります。

協力会社と学び交歓する安全大会

協力会社同士の交流にもつながる

●社員からの提案で統一したITツールを導入

ＩＴ化は、私が日本ペイントを退職し当社に入社した頃から盛んに進めました。私自身もまだ若く、家業を継ぐために当社に入り、その旧態依然とした業務の進め方にびっくりして導入したものです。30年近く前の話ですからＩＴ化という言葉すらなく、まずは使いやすいマックを1人1台ずつ入れたくらいです。

そして、その後は順次、端末を更新したり便利な新機種を導入したりしてきました。ところが、世間のＩＴ化の勢いのなかでは、徐々に出遅れ、先を越されるような状態になり、今はむしろ追いつこうと必死になっている状態です。iPadを導入したのは、5年ほど前から、業務用の携帯電話をiPhoneに変えたのは2019年からです。iPadがあるなら、電話についてはガラケーのほうが使いやすくて、かつ安いという理由でiPhoneにしていませんでした。携帯をiPhoneに統一したことによって、社員全員の業務効率化が進みました。

このiPhoneへの統一は、前述のように社員の提案だったことにも大きな意義があります。本人にとっては「連絡はいまどき、スマートフォンでやったら?」くらいの軽い気持ちだったかもしれません。しかし、それが業務の効率化に欠かせないことはもちろん、私からではなく社員の側からの提案だった。本当に必要な仕事のコミュニケーションのスピードアップを図ろうと社員の意識が変わったのです。

現在は、日報や経費精算のほか、社内的な見積書の作成・社内申請、稟議や決裁などほとんどの社内手続きも、各種のアプリケーションソフトを使いiPadで行っています。そのため、私からすれば出張先でも対応でき、そのぶん、業務効率が上がるのです。特に見積書については、受注金額や粗利益の可否判断だけでなく、たとえば協力会社への依頼の状況の確認や修正を依頼するようなやりとりもあります。そのやりとりを、活用しているソフトやメール、ボイスメール等で行えば、手間と時間を省くことにつながる。業務上円滑なコミュニケーションを図る上でも本当に重宝しています。

●見積のストラック表で受ける仕事を判断する

iPadで見積の確認をはじめ修正指示をどう行うか。見積の会計上の損益に関しては、MG（マネジメントゲーム）の**ストラック表（戦略会計上の損益計算書）**で表示するようになっています。私はこの見積に添付されたストラック表では、P（請負額）とV（外注費）の数値を確認し、必要なM（粗利益）が確保できているかを判断して、YESかNOかを即座に返します。私のところで見積が12時間も滞ることはない。何千万円の見積でもほとんどが1時間以内です。

社内には、戦略会計の考え方、特に**MQ経営（売上ではなく粗利益によって判断する経営）**の考え方はぜひ意識して浸透させたかった。営業は、新人でもベテランでも、指示されたことをやればいいというわけはなく、売上を上げればそれでよしというわけでもない。営業全員が、その仕事のM（粗利益）をしっかり意識して仕事ができています。

iPad がスピーディなコミュニケーションを実現する

M管理表

工事名 [illegible] 大規模改修工事

工事場所 [illegible]

担当者 [illegible] 様

発注者	[illegible]
管理会社	
元請会社	HSKK
営業担当	谷川
現場監督	未定

作成日	2019/1/18
見積作成者	谷川
情報入手日	2019/8/26

		A案	B案	見積-実行	最終P
P		25,500,000	22,900,000		
V 工種	業者名	見積予算	実行予算	見積-実行	最終V
v1 共通仮設工事		600,000	600,000		
v2 駐車場代		450,000	450,000		
v3 足場	[illegible]	4,600,000	4,600,000		
v4 既設フェンス撤去復旧		80,000	80,000		
v5					
v6 下地補修	[illegible]	34,000	34,000		
v7 下地補修	[illegible]	534,300	534,300		
v8 シーリング	[illegible]	4,300,000	3,200,000		
v9 塗装	[illegible]	2,550,000	1,300,000		
v10 鉄部塗装	[illegible]	1,700,000	1,700,000		
v11 防水	[illegible]	1,340,000	1,340,000		
v12 屋上扉取替工事	[illegible]				
v13 仮設電気	[illegible]	250,000	250,000		
v14 内側看板LED	[illegible]	150,000	150,000		
v15 美装工事	[illegible]	90,000	230,000		
v16 看板撤去費	[illegible]	738,000	738,000		
v17					
v18					
v19 [illegible]	5%	1,275,000	1,145,000		
v20					
v21 現場雑費		200,000	200,000		
v22 現場管理費	巡回	750,000	750,000		
V=v1・・・v13	-	19,641,300	17,301,300		
M=P-V	-	5,858,700	5,598,700		
M率=M/P×100	-	23%	24%		

P	V / M
見積予算 25,500,000 決定予算	V 見積予算 77% 19,641,300 決定予算 %
	M 見積予算 23% 5,858,700 決定予算 %

※注文書提出後、ストラック表決定予算に金額を手書きで記載して提出。

※工事完了時には下記ストラック表に最終金額を手書きで記載して提出。

P	V / M
最終 ¥ 円	V 最終 % ¥ 円
	M 最終 % ¥ 円

阪神佐藤興産株式会社

ストラック表付きの見積でスピード決済

全国に350万社強の中小企業があり、このように戦略会計を意識して導入している会社はおそらくほとんどない。5％あったとして17万社。1％だと3・5万社。実際のところ、戦略会計を意識して日々の仕事を進めている企業は**1％を下回る**のではないでしょうか。ここに、当社が中小企業ながら60年以上生き残ってきた歴史があり、かつ、中小企業であっても元請会社としてやっていける秘訣があると考えています。

このように、MGは戦略会計の知識や知恵が身につき、営業の基本となる情報の共有や思考のベクトルの統一にも役立ちます。

そして、MGを軸に各種のITツールを活用をすることが、社長の大事な仕事であるスピーディな**決定とチェック**、そして〝**つぶれない経営**〟につながっていくのです。

第4章 つぶれない経営の仕組み

赤字の仕事を受けなければ会社はつぶれない

●なぜ、仕事があるのにつぶれるのか

建設会社、改修工事会社は、仕事があるのになぜつぶれてしまうのか？　答えは単純です。社員は社長の「受注してこい！」という号令のもと、一所懸命に受注に走ります。ところがその注文のうち一定の割合は赤字での受注だからです。

社員としては、どうしても受注したければ値引きするしかありません。だから、社長が社員に受注してこいと号令をかけるほど赤字になってしまうのです。

一方、受注できれば、売上は上がります。

これをPQ経営（売上至上主義経営）と言います。

しかし、受注によって売上（PQ）が上がったと言っても、粗利（MQ）がなければただしんどい思いをするだけで、自分たちの給料も出ません。これでは、つぶれることは目に見えています。私は「売上を上げろ！」と指示したことは、一回もありません。

戦略会計を導入する当社では、赤字仕事とわかっているのに注文を受けることはありません。たとえ、億円単位の売上が計上できる場合でも、それは変わりません。当社では「ここでは損になるけれど、別のところで稼がせてもらおう」という考え方はしません。赤字仕事は受けないのです。

なぜなら、社員全員が見積書を確認することができ、前章で述べたように戦略会計における**Mの額を意識している**からです。

誰かが赤字仕事を受注しようものなら、「なぜ、こんな仕事の受け方をするのか」と説明を求めるでしょう。そのような仕組みができあがっているので、当社はつぶれない会社なのです。

●営業活動を見直しピンチを脱出

もちろん、当社にも厳しい状況がありました。

1つは、本書冒頭で紹介をした、下請をやめることを試みたけれども、その分を埋め合わせる売上がなくて9000万円の営業赤字に低迷した2015年。

もう1つが、新規で獲得したお客様と、下請のお仕事をいただくお客様が入れ替わる2017年でした。

新規受注を次々獲得し、お客様は増えていたものの、まだ売上の数字には反映されず、既存のお客様の仕事が減っていく中で、業績は停滞しました。

あとから振り返れば、これは下請から元請に転換するときの、成長痛だとわかるわけですが、2016年が黒字に転換しただけに、精神的には、2017年は2015年よりも厳しいものがありました。

2015年は赤字になると思ったので、翌年の業績を上げるために投資的な経費をどんどん積み増して、わかっていて赤字を大きくしたところがありました。そして、2016年にV字回復したと思ったのに、2017年にもう1回落ちたのはさすがにショックでした。

このとき、幹部社員たちと阪神尼崎の居酒屋で、腹を割って今後の経営について話し合うことにしました。

今でもよく覚えています、居酒屋の2階で3人で席に着きました。私の横には、ナンバー2の森本智之。そして向かいには当時の中心的な社員のうちの一人。この話し合いをメンバーを入れ替えながら6回繰り返しました。私はこう言いました。「今の状況はわかってるね？」。社員は「はい」と答えます。そこで、

「選択肢は4つある。

1つ目、このまま続けてジリ貧になって倒産する。

2つ目、倒産する前に自主的に廃業する。

3つ目、リストラして大幅に事業を縮小して継続する。

4つ目、決死の覚悟を決めて、盛り返す。

君はどれを選ぶ？」

すると、しばらくの沈黙のあと、返ってきた答えは
「覚悟を決めて頑張ります。やらせてください！」

全員同じ反応、同じ答えでした。

このときが、阪神佐藤興産のどん底でした。しかし、覚悟は決まった。全員が一致団結をして結果を出すしかない。「黒字体質化」への取り組みのスタートです。私は社長として、これまで以上に新規開拓営業に取り組みました。


そしてその頃、介護施設営業部をつくりました。当初は私自身が社長営業としてトップセールスをしていましたが、やがて社員4人で私が新規開拓したあとをフォローする体制ができました。小口の注文が継続的にとれるようになり、たまに大口の受注もあって、業績が安定してきたのです。

介護施設営業部部長の桂義樹は、当時のことをこう振り返ります。

「当時、会社の業績が厳しい状況になり、社員が集まって話し合ったことがありました。私は年齢的に退職するわけにもいかず、残る社員と一緒に立て直すことを考えた。その時期に営業戦略なども学び、自社のお客様は本当はどこにいて、何を求めているかを一から見直しました。3年ほどで、ようやくその成果が実ってきたという印象があります」

大きな仕事だけ追いかけない

●地道な仕事が大きな実を結ぶ

塗装・改修工事会社、リフォーム会社も含めて、建設業界は何を実現したかが目に見えてわかるという意味で派手な仕事です。お金の面でも1つの商談で千万、億円単位のお金が動くという意味で派手です。

この大きな商談を決めたときの派手さは、原始時代の狩猟経済において、狩りに行って大きな獲物をとったようなものです。

洞穴で待っている家族は喜び、たらふく食べてしばらくは暮らしていける。しかし、仕掛けがはずれて、大きな獲物がとれないことが続くと、たちまち家族は飢えにくるしむ。だからどんどん仕掛けを作って、大きな獲物がとれるようにする。

「建設業ってそういうものですよね？」と言うとうなずく方もいらっしゃると思います。私は、長い間、そう思っていました。しかし、本当は違う。

建設業は（というよりわが社は）**農耕経済**にならなければいけない。

最初は畑になる土地を見つけて開墾して種を蒔く。芽が出てきたら、雑草を取り払って肥料をやる。鳥や獣に食べてしまわれないように注意を払って、最後にやっと収穫をする。

こういう根気のいる作業を延々と続けると、一粒一粒は小さいが、安定的な収穫を毎年続けることができる。

これができたら、あとは1つひとつの作業の改良と効率化に取り組めばいい。

すでにご紹介したように、私の師匠である武蔵野の小山社長は、このことを「鉄砲を売るより、弾を売れ」という表現でおっしゃっています。

大きな受注ができた、できなかったと一喜一憂しているのではなく、**小さな仕事でいいからお客様から繰り返し、繰り返し注文がいただけるように、地道に努力を続けなければならない**、ということです。

では、継続的に注文をくださるお客様はどこか？

わが社の場合は工場でした。

工場は生産活動を行っていますから、頻繁にプラントや製造ラインの修理や変更や新設などの設備投資を行います。

小さい修繕工事を含めると、お取り引きいただいている5つの工場をあわせて、発生頻度はほぼ毎日です。

もう1つが介護施設でした。

入居されている方が毎日使うので、トイレが水漏れする、ドアの締まりが悪い、クロスがちょっとめくれた、お風呂のタイルが数枚はがれた等の修繕工事がしょっちゅう発生します。金額にすると10万円以下の工事です。一件で5000万円、1億円という外装工事や屋根工事をやっている会社としては考えられない工事です。

しかし、この小さな修繕工事が大切なのです。

一粒一粒は小さいが安定した収穫を得るとは、数多く発生する小さな修繕工事に地道に取り組むことでした。

このようにプラント工事部と介護施設営業部は「農耕経済型」になっていきました。


一方、昔から事業の柱としてきた本社営業部という部門があります。

本社営業部では、15年に1回程度しかない外壁塗装や屋根工事、防水工事がメインの商品です。しかも、お客様の「汚れてきたから外壁塗装をやらなければ」というニーズが顕在化したときに情報が入ってくるので、初めてのお客様の場合は、ライバル会社との価格競争がどうしても激しくなってしまう。

しかし、一度わが社の工事を経験されたお客様は、ビルでも賃貸マンションでも戸建住宅でも、リピートの注文をくださいます。工事担当者を指名して電話をくださるお客様もいらっしゃいます。

「西原さんいますか？　前にウチをやってもらったんだけど」

この大変ありがたいリピートのお客様と、そのようなお客様からの紹介を今よりもっと増やすことが最重点の仕事です。

●率より額を重視する

3部門を合わせて**全社の利益率は26％を目標**にしています（MGでいうとM率26％）。

私は、建設業という仕事は、足場の上に登ったり、危険を伴うのでM率は30％以上ないといけないと考えています。しかし、激しい競争のなかで、30％の利益率を確保することは非常に難しい。一番苦しかったときは、全社M率が17％ぐらいに低迷していた。「赤字工事はやらない」と言っても、赤字ギリギリまで値段を下げていた時期もあったのです。

粗利の率と額の問題を考えると、1年間のトータルでは、やはり粗利の総額（MQ）が多いことが一番大切です。要は、粗利総額が年間経費を1円でも上回れば、立派な黒字企業ですから。

粗利総額を最大化するために次のように考えます。

1億円の工事でM率10％でM額1000万円の工事と、1000万円の工事でM率30％、M額300万円の工事なら、どちらをとるか？　前者に決まっていますよね。率より額が大切です。

ただし、同じ期間でこの1000万円の工事が4つできるとすると、MQは1200万円となるので、二者択一の条件なら、1億円の工事はやめて1000万円の工事を4つやります。大切なことはMQの最大化です。

●大手に匹敵する利益率を目指す

では大手と比べて利益率はどうか。細かな数字は他社のことでもあり省きますが、大手建設会社における現場経費率、本社経費等を加味して、単純に請負金額から外注費を引くと、大手のM率は30％を超えています。ざっくり言うと、当社は元請としてしっかりと利益を上げられる体質にしようと頑張っていますが、利益率は建設大手にはまだまだ及びません。大手と競合したときに当社が受注を獲得できると言う意味では勝っていても、M率の実態としては、まだまだなのです。

逆に言えば、大手ゼネコンにとって億円レベルにならないような改修工事だと、面倒であり大した儲けにならないので他社にやってもらってもいっこうにかまわない……、そのようにお考えなのかもしれません。

大手ゼネコンの意向はともかく、わが社としてどうするべきなのか？　答えは、お客様に本当に満足いただけるリフォーム会社になれば、自然とM率は上がる。私はこのように考えています。

阪神地域で**「行列のできるリフォーム会社」**になる。これが私のビジョンです。

月商の10倍のキャッシュを持てる理由

●借入れはすべて無担保無保証

会社は、資金繰りが立ちゆかなくなれば倒産します。当社もご紹介したように損益面での波はありました。しかし、資金的には、赤字だった２０１５年度、２０１７年度でも不安定になることはありませんでした。

それはその当時でも、**月商の5倍以上の現金を持っていた**からです。

当社が資金繰りを意識し始めたのは、およそ13年ほど前、小山社長の指導を受け始めてからです。

先代の頃は無借金の経営だったので、銀行融資を意識した資金繰りに留意する必要はそれほどなく、資金が不足気味であれば手形を割り引き、あとは損益のみに留意すればよかったとも言えます。

ところが私が事業を継いで以降は借入れによる事業の拡充も進めたので、経営はもちろん資金繰りの意識も強く持つ必要が出てきました。

すると、あらためて建設業界は支払い条件がよくないことに気づかされます。一言で言うと、回収までの期間が長い。

わが社が取り引きしているある大手企業の場合は、工事が完了した月末に検収と呼ばれる手続きがあり、それを経て支払日に約束手形を受け取ることができる。その手形のサイトが120日。着手金や中間金といった支払いはなく、事実上、1つの工事で工期が2~3カ月の場合には、半年から8カ月くらいは入金のない状態で仕事をやっていかなければなりません。

大きな仕事を受ければ受けるほど、工期が長くなり回収までの期間が長くなるので、

現預金の売上月商倍率を示すグラフ

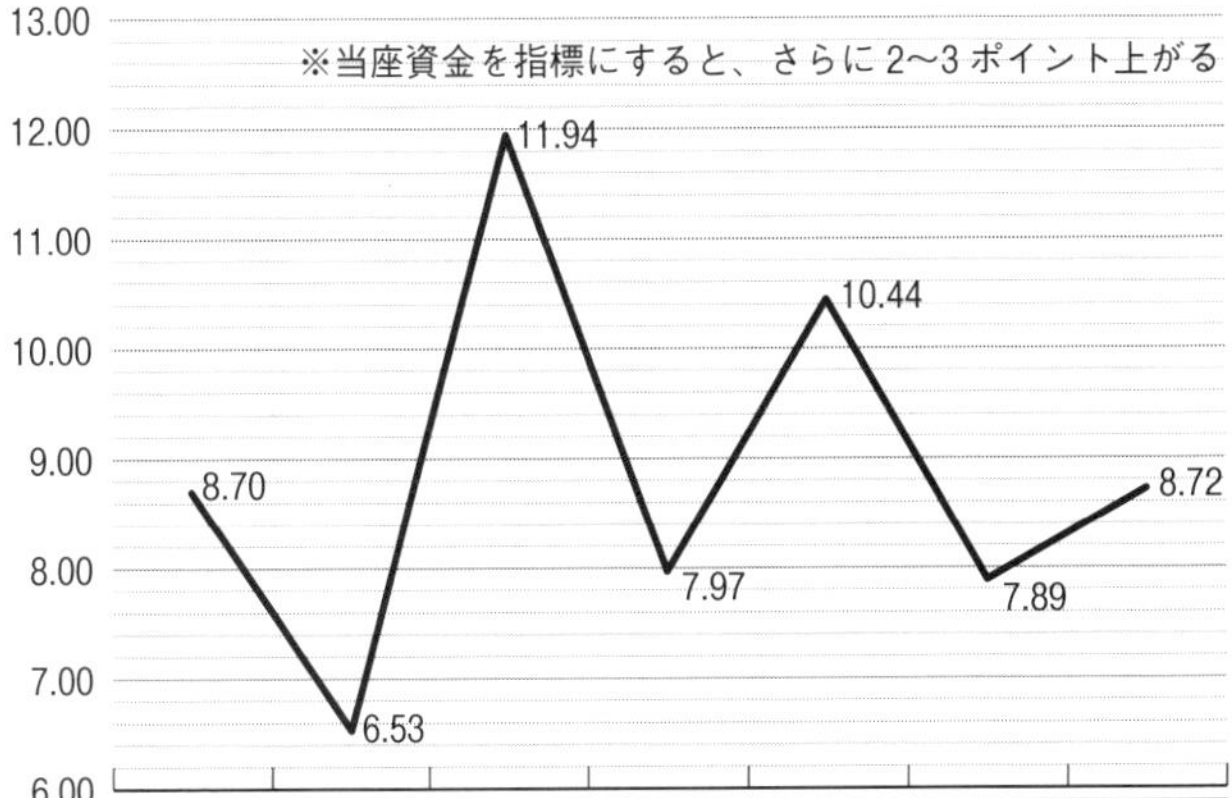

	2013年度	2014年度	2015年度	2016年度	2017年度	2018年度	2019年度
現預金比	8.70	6.53	11.94	7.97	10.44	7.89	8.72

少ないときでも月商の6倍以上の現金がある！

資金繰りは大変です。そうした資金状況を考えると、月商の5カ月分、半年分くらいは資金を手元に置いておく必要があり、6〜7年前からそれが実現できている状態です。

現在は**年商にほぼ匹敵する程度の現預金額**になっています。

借入残高が減少してくれば、銀行の担当者が「また、借りてください」とやってきます。現在の低金利の状況では、借入れの金利負担は軽い状況ですが、気をつけているのは本業にかかわらない用途には使わないようにしていることです。

資金面から見れば、同規模の会社で、1年間近く入金のない億円単位の仕事を受けることができる会社はほとんどありません。自己資金でも借入金でもかまいませんが、手元にお金のある会社だけが大きな仕事を受けられる。これは当社の競争力と言ってもいいと思います。

借入れは**無担保無保証**です。

なぜ、こうしたことができるのか。

当社では毎年、年度始めに全社員が参加する**「経営計画発表会」**を開き、その場に取引銀行をお招きしています。

経営計画発表会では、当期の方針や数字について、来賓、そして社員たちの前で社長の私が自ら発表します。来賓、社員たちの前では嘘をつくことができないし、聞く側の社員たちの様子も見られている。

会社の未来を数字であらわす経営計画書をつくり、会社の姿をすべてお見せするから、金融機関も信用してくださるわけです。

●金融機関からお客様を紹介していただく

現在、よくおつきあいをしている金融機関は9行です。

正直なところ、1~2行しか取引のなかった先代の頃と比べると隔世の感があり、こんなに多くの銀行と取引することは考えてもいませんでした。

銀行が当社に対して新たに融資したいとご提案されたときに、「お受けしますので、お客様を紹介してもらえませんか」と、お願いします。

自社で私が新規開拓に行っても、前述のように6回は〝なしのつぶて〟で7回目になって初めて商談らしいことができることが多いもの。

このとき、銀行の紹介を通じると、最初の段階から先方の社長にお会いして商談ができることもあります。

相手もお金のある会社が多いですから、取りっぱぐれの心配などする必要はなく、しかも社長に改修工事の可否を即決していただけます。こんなに効率のよいビジネスはありません。

資金的な観点で見ても、銀行からの紹介を通じて２５００万円の改修工事を受注すれば20％のM率だと５００万円の利益になります。

一方で、銀行から1億円を借りて1％の金利と仮定すれば、1年で１００万円、5年で５００万円の金利になります。この支払金利は最終的に経費として利益から

金融機関からの信頼につながる経営計画発表会

社長の言葉に嘘がないことを見ていただく

引けます。工事の利益が金利に消えるとしても、当社としてはタダ（金利ゼロ）で1億円の資金を用意できたことになる。この資金が新たな取引の拡大にもつながります。

同じ仕事をするなら、お金を借りて行ったほうがより事業の継続・拡大にもつながるのです。

金融機関とＷｉｎ－Ｗｉｎの関係をつくる

●現場見学会には金融機関もお招きする

現場見学会に銀行の担当者にお越しいただくこともあります。どのように改修工事を行っているか、その現場を理解していただくと、銀行側も当社に紹介しやすくなるはず。確度の高い紹介をいただくことにつながっています。まさに、取引銀行と当社はＷｉｎ－Ｗｉｎの関係になっているのです。

このような銀行との関係のなかで、７年ほど前に当社としては**支払手形をなくしました。**

建設業界は入金にも支払いにもまだまだ手形が流通していますが、資金的に余裕があるのに手形で支払うことに、ほとんど意味はありません。支払手形をやめることで、不渡りによる倒産も起こらなくなります。資金繰りに注視していく必要はありますが、よりつぶれない経営を行うことができるようになったと言うことができるでしょう。

支払いを手形から振込みにしましたが、**当社の締め日は毎月17日で、協力工事会社への工事代金は業種によって当月末か翌月15日には振り込む**ようにしています。当社は外注先にとって、とても支払いぶりのよい会社であると思います。これも資金繰りに余裕があるからこそできることです。さらには、支払条件をよくすると、優秀な協力会社さんが集まりやすくなるメリットもあります。

●潤沢な資金が競争力の源泉

金融機関との関係をよくするものに**「銀行訪問」**があります。

4半期ごとに、各行へ数字を報告しにいきます。

多くの会社は、銀行からお金を借りても、そのお金をどのように使ったのかを報告しません。報告をしないから銀行は安心できずに、担保や保証を求めるわけです。お金を借りた人が、貸してくれた人の信用を得るには、お金の使い道をきちんと報告をする必要がある。だから、銀行訪問によって、会社の現状、売上、経費、利益、今後の事業展開などについて報告すると、先方は当社を信用してくださるのです。

銀行訪問は**10年以上前から1回も欠かさず行っています**。銀行訪問が苦痛だと感じる経営者もいるようですが、私はまったくそのような気持ちはありません。むしろ、銀行の担当者から新たなお客様を紹介いただけるので、私は営業活動の1つと位置づけています。

こうした銀行とのおつきあいによって資金が潤沢になり、それが大きな仕事を受けられるバックボーンにもなっています。普通に考えれば、入金が着工から1年先の仕事を受けたい業者はいません。しかし、当社では受けることができる。厳しい支払い条件にも耐えられる。

逆に言えば、その厳しい支払い条件に耐えられることに、当社が守られているということもできます。それが、同業の同規模他社との競合にも勝てることにつながっていると見ることもできます。

働きやすさが組織を安定させる

●中小企業だから危ない、は間違い

「当社はつぶれない経営を行っています」と宣言しても、若い人、特に就職活動をしている学生は口には出さなくても「そうは言っても、大手のほうが安全だ。中小企業って、すぐつぶれそう」と思っています。

たとえば面接で学生から「なぜ、つぶれない経営と言えるんですか?」と質問を受けたとき、私はまず現預金の月商倍率の話をします。

私が「うちは月商がだいたい1億円やけど、商売やっていくのに、手元にお金がいくらあったら安心と思う?」と聞くと、学生はお金の桁が大きすぎて答えられません。

学生「毎月1億円の売上だから1億円ですか?」
私　「そう思うやろ。普通は月商の3倍あったら、まずつぶれないと言われてるよ」
学生「じゃあ、3億円」
私　「んー、うちはその3倍はあるよ」

学生は絶句します。

そこですかさず、こう言います。

「じゃあ、ホントかどうか、今度一緒に銀行の支店長さんに会いに行くか?」

これで勝負あった!

さらに言うと、月次の決算書類を見せて、学生に数字でチェックまでさせます。

「超クリアな会社という印象です」

と学生に言われています。

●安定的に伸びている市場が主戦場

会社説明会などにおいて、まず当社の位置づけをどう説明するか。通常は建設業界の市場を「公共」「民間」「新築」「改修」の4つに分けて説明します。

このうち、公共の新築は「公共投資」の言葉どおり国や地方公共団体の投資によって存在する市場で、基本的に人口の減少によって予算が減っていき、市場は小さくなっていきます。また、公共の改修は橋やトンネルを改修して利用するので、微増傾向にある。

一方の、民間です。民間の新築は景気に大きく影響され、市場は拡大縮小を繰り返します。**民間の改修工事**（193ページ図④）の部分については、もはや高度成長のころのスクラップ&ビルドの時代はとうの昔になくなり、「100年住宅」といった言葉に象徴されるように、民間の住宅も公共の構築物も改修して長く使い続けることに重点が移っています。すなわち安定的に伸びている。

「このなかで阪神佐藤興産は、『民間の改修』をメインとする建設業、総合リフォーム業であり、図④の市場が生存領域です」

と説明するわけです。


「そんなに見込みのある市場なら、ライバルも多いのでは？」と聞かれることもあります。そのときは「うちのライバルはゼネコン。当社を年商15億円とすると、ゼネコンの年商は1兆５０００億円。１０００倍の差がある。でも、大手ゼネコンにこれまで勝ってきたよ」と説明し、どうして勝てるのかについてもキングファイルの説明などを加えていきます。

最近は「お給料はどれくらいですか」と質問されることはほとんどなくなりました。この点は、入社3年目くらいで月額給与が30万円くらいにはなり、賞与を含めると年収４００万円くらいになるといった実績の説明をします。

建設業界で見込みのある市場は？

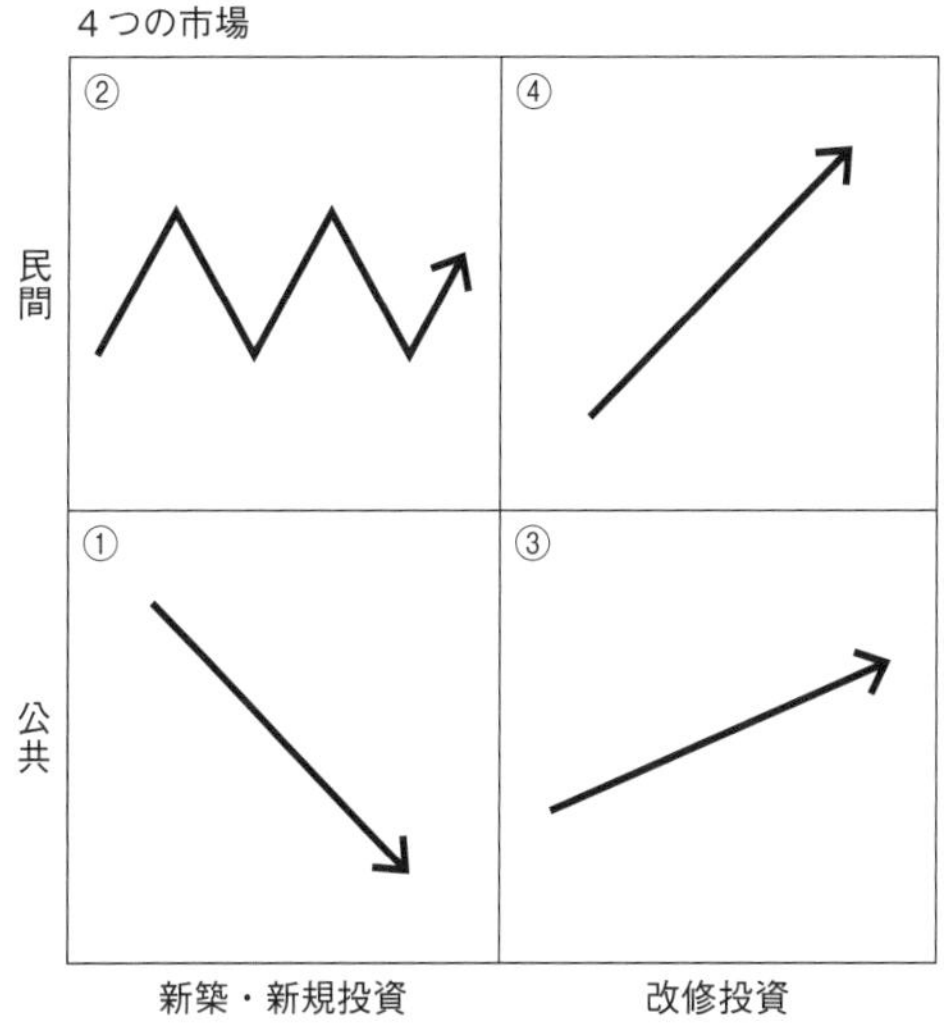

①公共の新規投資
人口減・税収減により新規の投資は減っていく
②民間の新規投資
景気の変動により UP・DOWN が激しい
③公共の改修投資
ストックが多くメンテナンスが必要なので少しずつ増えていく
④民間の改修投資
スクラップ&ビルドの時代は過去であり、多くのストックを長寿命化する時代になっているのでこの市場の需要は増えていく

阪神佐藤興産は④の市場が生存領域！

むしろ聞かれることが増えたのが、**残業**のこと。ここ数年で残業は確実に減ってきました。これも社員が増えるとともに、経営が安定してきたことが奏功しています。社員のほとんどが17時半には退社します。メリハリのある仕事ができるようになってきたと感じています。私は、夜9時、10時まで必死になって働き続けるより、決められた時間内に成果を出し、あとは定期的に同僚や仲間と飲みに行ってコミュニケーションを深めたり、自分のやりたいことに取り組んでくれたほうがありがたいと考えています。

なお、当社では2年前に**「ほほえみ休暇」**という制度を導入しました。家族の誕生日でも結婚記念日でもかまいませんが、年に1日、自分がニッコリできる記念日に休暇をとろう！　という制度です。

●組織が安定するとつぶれにくくなる

「阪神佐藤興産が変わった」。会社が組織として安定してくるにつれて、この3年ほど前から、取引先、銀行、経営者仲間などいろいろな方から言われるようになりました。経営計画発表会に列席いただく銀行の支店長からも、「若い方が定着して、活気が出てきましたね。頼もしい」と言っていただけるようになった。

経営者仲間の会社からベンチマークを受ける機会も年に数回ありますが、当社の場合は現場見学会にご参加いただき、その場でも「現場が整理整頓されてキレイで、社員も生き生き・テキパキとしている」と評価をいただいています。

入社37年の西原伸一はじめ、ベテラン社員たちもそう感じているようです。

「ここ数年、人が定着してきたと感じます。社員が定着し始めたのはやはり、当社が組織として成長してきたことが大きいのではないかと思います」

社長の私自身も社員を見ていて、活気と落ち着きを持って着実にステップアップしているという実感が持てるようになりました。

第5章 小さな会社で働くということ

職人の会社から営業の会社へ

●仕事を継ぐのは当たり前

私は、生まれた時から佐藤家の長男として、父が始めた塗料販売の仕事を継ぐべくして育てられました。

「お前は長男やから」「お前は跡取り息子やから」

何かあるたびに両親からも、祖父母からもこう言われました。

そのおかげで家業を継ぐのは当たり前と思っていて、何の疑問も持ちませんでした。

昭和36年頃、寝屋川店の前で

左から父、弟、母、私

昭和36〜37年、私が4〜5歳のときです。私が乗せられていた乳母車に灯油を2缶積んで、祖母が配達に行くのですが、それについていったことを覚えています。日本が高度経済成長期に入った頃の話です。寒い冬の日でした。商売とは厳しいものだと子ども心に感じていたかもしれません。

小学校に行く前までは、その頃、大阪府寝屋川市にあった家の近所の八坂神社でよく遊んでいました。1人でガキ大将に立ち向かうような子どもでした。

小学校から中学校の頃は、弁護士になりたいとか、建築家になりたいとかと思っていました。ビルの新築工事のときに足場に張ってある建設会社のマーク入りの白いシートを見て、「カッコいいな」とあこがれていました。

地元の大阪府立寝屋川高校から、関西大学に入学。法学部でも工学部建築学科でもなく、商学部でした。あまり勉強せず、英語研究部（E・S・S）に入って英語劇に打ち込んでいました。このクラブでは、ディレクターとして、英語劇コンクールで優勝して結果を残したのですが、マネジメントでは大失敗。悔しい思いをしました。

ここで英語劇とはきっぱりお別れして、4年からは社会人になって家業を継ぐための準備として、設計事務所にアルバイトに行きました。

設計事務所でのアルバイトは、大阪府、大阪市、府下の各市への名刺配りの仕事でした。名刺の枚数で役所からお声がかかる時代でした。私はとても大きな声で挨拶して回ったので、比較的早い段階でお役所から声をかけていただき「初めてお仕事がいただけた」と設計事務所の所長に喜んでいただけました。

●ゼネコンで仕事にやりがいを感じるも家業へ

そして、就職活動を経て、清水建設に入社。配属は本社の土木一部で、文系なので仕事は現場の事務係でした。霞ヶ浦の築堤工事や、火力発電所の排水口工事などの現場事務をやらせていただきましたが、そのスケールの大きさや品質管理のすばらしさ（当時TQC活動をやっていました）にびっくりしました。

現場の所長や先輩にも大変かわいがっていただき、仕事は厳しかったですが、大変楽しく充実したゼネコン時代でした。ずっと清水建設の社員でいたい、とも思っていましたが父から「早く帰ってきてくれ」と言われ、とても残念でしたが、退職しました。清水建設には今でも申し訳なく思っています。

退職後、すぐに家業に入ったのではなく、研修生として日本ペイントに入社しました。ここで前述のとおり、外壁塗膜の検査方法や塗料のいろはを教わると同時に、設計事務所への日本ペイント製品の指定指名活動も営業としてやらせていただきました。このときの経験がのちの飛び込み営業で活かされました。

当時日本ペイントでお世話になった方々とは今も懇意にさせていただいています。のちに私が結婚するとき、仲人になっていただいたのも当時の建築塗料部の村上尚雄部長です。

日本ペイントでの2年間の研修後、父が創業した阪神佐藤興産に入社しました。父に「阪急電車も最初は踏切番からや」と言われ、トラックに塗料を積み込んで配達して回る仕事から始めました。塗装工事の現場の人数が足りない時には、養生や掃除を手伝いによく現場に入っていました。

そんな仕事のかたわら、日本ペイントで習ってきた外壁診断の手法を営業に活かしてやろうと考え、空いた時間に自分で営業を始めました。それが徐々に功を奏して、前述の初期のマンションの塗り替えでの連戦連勝へつながっていくのです。私が27〜28歳頃のことでした。

●生産効率を高めるために

当時、阪神佐藤興産に入社して来ていたのは、前述したように職業訓練校の塗装科を出た子たちでした。17歳で入ってきて、現場で経験を積みながら、だんだんと一人前の職人になっていくのです。そんな子が6人いました。

その頃は、私が大きな塗替え工事をとってくると現場監督が足りない状況が続いていました。最初はベテランの塗装職人さんに現場監督をやってもらいました。ところが、27歳の私が50歳以上のベテラン職人さんに指示を出しても動いてくれないことがよくありました。困った私は、うちの若手職人（21～25歳）にこう言いました。

「オマエ、監督やれ」

「エッ、そんなんムリです」

「オレが面倒見たるから、大丈夫やからやれ！」

「……」

というわけで、若手の現場監督が誕生しました。

みんな経験はなかったけれど、私の言うことをよく聞いてくれて、現場は以前よりすごくスムーズに進みました。

このことを生産効率で考えてみます。

1人の職人は、どんなにできる人でも普通の人の倍くらいです。倍のことを三日も続けると、疲れて休んでしまう。結局**1人の職人は1人分の生産効率**なのです。

しかし、現場監督となると監督の下に10人以上の職人を使う。作業をする職人はこちらが管理さえしっかりすれば外注でもいいのです。

うちの若手職人が現場監督になった時点で、簡単に言うと**生産効率が10倍**になった。同じ人数で10倍の仕事がこなせるようになったわけです。

そこからわが社はさらに変化を続けます。

現場監督の経験を積んで、塗装以外の建築工事の知識やお客様とのコミュニケーションの取り方を身につけてきた若手に、当時の電子機器、シャープのザウルスやキャノワード（なつかしいですね）や、マックを持たせて、文書作成や通信ができるように一所懸命に教えました。

デジタルと言っても、幼稚な段階ですが、これが自信になってわが社の職人たちの中から営業になる者が複数出てきました。

営業になると現場監督を3人から5人くらい使いますから、またまた人的生産効率がアップします。こうして、わが社は下請の施工会社（職人の会社）、施工管理のできる会社（現場監督の会社）、そして営業会社へと事業形態を変えてきました。同じ人数での生産効率は何十倍にもなっています。このように事業形態を変えることと、元請比率を上昇させることを同時にやってきました。

17歳の塗装工見習いで入社してきた6人のうち、2人は今でも正社員の営業課長として、活躍しています。

それが入社40年の佐竹進と入社37年の西原伸一です。2人とも私と多くの苦労を共にして、よくついてきてくれました。感謝の気持ちでいっぱいです。

中小企業で働くから得られること

●大手と遜色のない仕事ができる

中小企業と大企業のどちらで働いたほうがいいか。そのメリットとデメリットは?多くの人がそう考えがちで、特に就職活動を行う学生は、ついそう考えてしまうのかもしれません。大手企業には大手企業のよさがあり、**中小企業には中小企業のよさが**あります。

民間の改修工事の分野で言えば、中小企業の当社でも大手と遜色のない仕事ができます。

営業中のショッピングセンター、患者さんが入院している病院、生産中の工場、今、稼働していて利用者が頻繁に出入りする建物――これらの改修工事を事故なくスムーズに進める技術。当社は大規模なビルの新築工事はできませんが、**改修工事では大手に負けません**。

突然ですが、あなたはインナーウェアを買うとき、どこに行きますか？ そう、ユニクロに行きますよね？ 百貨店には行かないと思います。百貨店で何でも売っているように、大手の建設会社は何でもできます。ビルも建てれば、道路も橋もダムもつくる。

当社は改修工事の専門業者です。改修工事のノウハウを何十年も磨いてきました。当社は改修工事では、大手建設会社に価格で、品質で、工期で負けません。ユニクロがインナーウェアで百貨店を圧倒しているように、です。大手と遜色ない仕事ができます。

●最初から最後まで担当できる

個人の仕事レベルで比較してみましょう。

大手企業では多岐にわたる分野の多くの部署の中の一つに配属されて、大きな仕事の中の一部分を担う、というのが一般的でしょう。

お客様の顔を見るということもないかもしれません。

当社の社員は、仕事の始めから、終わりまで1サイクルすべてのことをやるのが普通です。1つのサイクルは次のとおりになります。

①「見に来てほしい」とお客様から連絡を受けたら、現地へ行って建物を見る
②調査して報告書と見積書を作成
③ヒアリングと説明を重ねて、最適なプランを決定する
④価格交渉を経て契約する

⑤着工準備と協力会社を手配する
⑥近隣挨拶と工事着工
⑦工事中に定期的に見に行ってお客様に報告（現場は現場監督が管理している）
⑧工事が完了したら完了報告書の提出
⑨請求書の送付と入金確認
⑩アフターフォロー

もちろん、これだけの仕事を入ったばかりの社員がすべてできるはずがありません。上司や先輩社員について、できるところから少しずつ任せていき、3年程度の経験を積めば、何とか1人でこのサイクルを回せるように育ってきます。

このように**1つの仕事を最初から最後まで担当する**ので、入社3年目の伊藤京子は「ものすごくやりがいがあります」と言っています。

大きな仕事の一部分だけを担当する大手企業の働き方とは、まったく違います。

トータルで見たとき、どちらの働き方がより社員自身の成長につながるでしょうか？

●知名度、ブランドでは劣るけれど

一方、知名度、ブランドという面では、大手建設会社にまったくかないません。「どこに勤めているの？」と聞かれ、誰もが知る大手建設会社と答えるのと、当社と答えるのとでは、圧倒的に大手に分があります。

では、TVコマーシャルを流したり、新聞広告を出したりするのがいいのか？　そうではないと思います。

わが社は、全国レベルの会社ではありません。関西、それも阪神地域に密着した地域企業です。ですから、地元の阪神地域のお客様から「改修工事なら阪神佐藤興産だよ」と認めてもらえるように、地域的な認知度を高めればよいと考えています。

その1つの方法として、改修工事現場にかける**デザインシート**があります。通常、

デザインシートで地域での知名度を高める

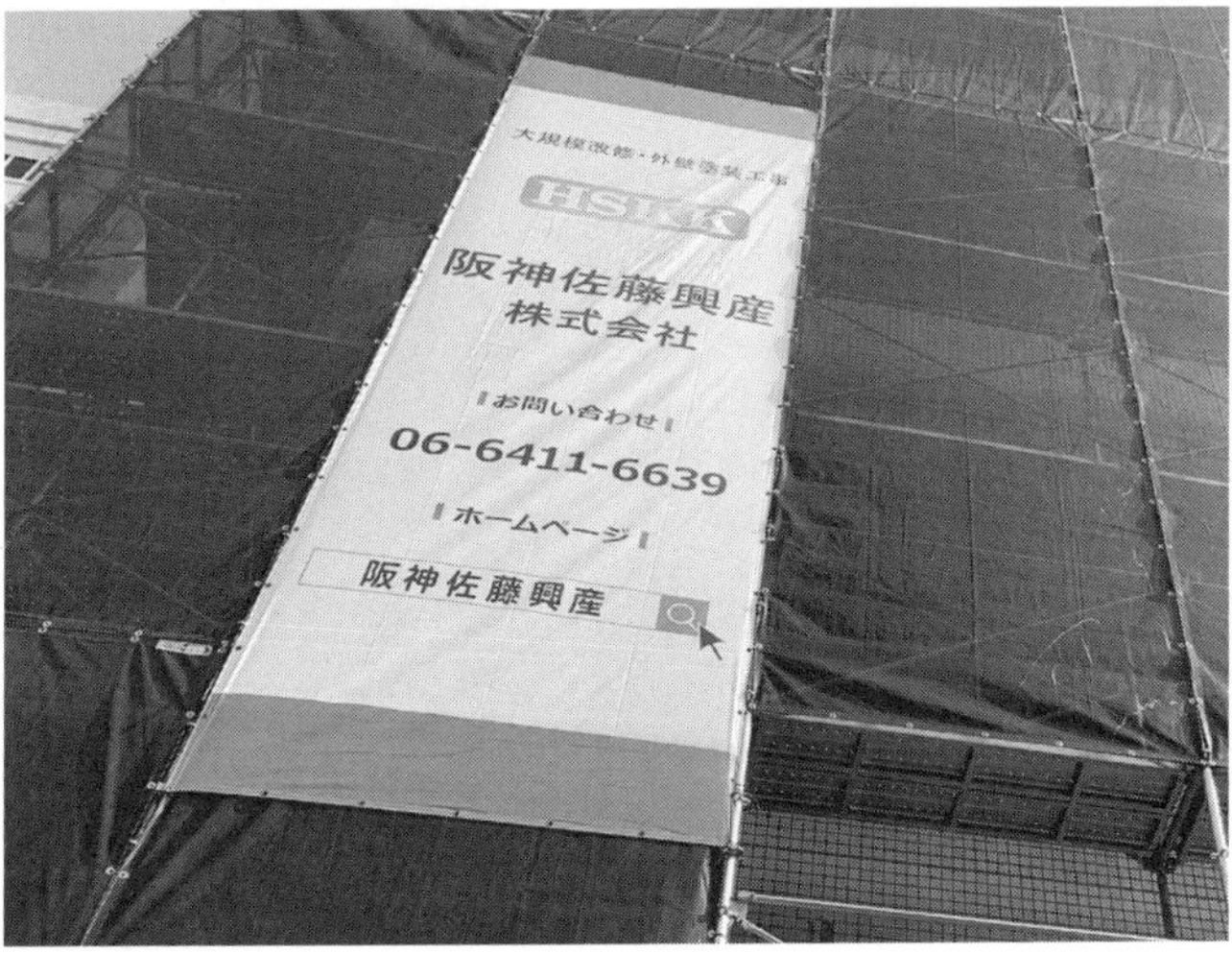

社員の誇りにもつながる

改修工事を行う場合、組んだ足場の周囲を大きなシートで覆います。

そこに「阪神佐藤興産」の社名とロゴをデザインしたシールを張る。誰が見ても当社の現場だとわかります。

私にとっては小さい頃の夢がかないました。社員にとっては、家族が**「あれ、お父さんの会社の仕事やね？」**と言ってくれると嬉しい。これこそ、誇りが持てる会社と言えないでしょうか。

●お客様の笑顔は何よりのやりがい

学生を前にした会社説明会のときに、私はこう言います。

「わが社が欲しいと思っている人材は、建築の専門知識を持った人よりも、コミュニケーション能力のある人です。なぜか？　それは、わが社の営業社員の一番大切な仕事がお客様とのコミュニケーションだからです」

建築の知識があれば、それに越したことはありませんが、男性、女性にかかわりなくコミュニケーション能力のある人がいい。**それは、お客様の要望を引き出すことが一番の仕事**だからです。

リフォームを考えているお客様は、多くが具体的なイメージやプランを持っているわけではありません。

なんとなく「キレイになったらいいな」とか「明るくしたいな」とか「広く使いたいな」くらいで、非常に抽象的な感覚で考えておられる方が多いです。

そこで、わが社の営業社員がお客様に1つ、2つと質問をしていきます。その過程でだんだんと仕上がりのイメージがはっきりしてきます。

それはまるで雪まつりの氷の彫像のようです。

最初は、ただの長方形の氷の柱が、ノミを1つ入れるたびに形がはっきりしてきて、どんどんノミが入って、ついには見事な氷の彫像が出現します。

この質問力、お客様の具体的な要望を引き出すコミュニケーション力が、わが社の営業に必要な力です。

別のたとえをしましょう。

あなたがレストランに行って席に座ったとき、お店の人がやってきていきなり「はい、今日はこれを食べてください」と目の前に料理をつきつけられたら、どう思いますか？

いくらなじみのお店でも「いや、今日はこれを食べる気分じゃないよ」と言って断るでしょう。

驚くなかれ、建築の仕事はこのパターンが意外と多いのです。

「我々はプロだから、ここはこんなふうに仕上げるのが当たり前だ」と思っている技術屋がいて、自分の考えをおしつけるわけです。これではお客様は大迷惑です。

わが社の社員は、お客様の要望を引き出すことが仕事です。

「傾聴と質問」がもっとも大切なことがよくわかっています。

ですから、まずお客様の考えをしっかり聴くことから始めます。そして、質問を繰り返してだんだんと具体的なプランをつくっていきます。

こうしてできあがったリフォームは、お客様が本当に喜んでくださいます。多くの方がはっきり口に出して言われます。

「いやぁ、ほんまにきれいになったわ。ありがとう！」

このひと言を聞いたときが、最高にうれしい瞬間です。

それまでの苦労も吹き飛びます。お客様と一緒になって笑って、涙が出そうになるときもあります。

最初に電話を受けたときから、最後までずっとそのお客様のことを思ってやってきたからこそ味わえる喜びです。

お客様の頭の中にある形のないイメージ。それを一緒になって形あるものとして完成させたときの喜び。

我々は、この喜びを味わうためにリフォームの仕事をしているのです。

間接的にではなく、**お客様に直接接することができ、お叱りやお褒めの言葉を直接いただく仕事。**やりがいがあると思いませんか？

次期社長は社員から、に込めた思い

●後継者と合わせるべき価値観とは

中小企業にとって事業承継は大きな問題です。

私は、創業者の父のあとを継いだ2代目社長です。39歳のとき、社長になりましたが、継いでからはお客様に迷惑をかけずに会社を回すことに精一杯でした。

そして、あっという間に時が過ぎ、後継を考えないといけない年齢になりました。病気もせず、まだまだ若い気でいますが、年齢は年齢です。銀行からも「次はどうされるんですか?」と聞かれます。

私には娘が2人いますが「娘に継がせるのは無理がある」とは思っていても、一方、社員に継がせてうまくいくだろうか？　という心配はずっとありました。

その頃、武蔵野で一緒に勉強している神戸の松尾モータースの松尾章弘社長からアドバイスを受けました。

「佐藤さん、同族承継ではなく、社員に継がせるならそれを早く発表したほうがいいよ。オレはそうしたよ」

このひと言に背中を押され、社内で思い切って**「次期社長は社員から出す」**と発表しました。

発表してしまえば、あとは「どうやって」という方法論になります。

一番大切なことは、私と後継者の**「価値観」**を合わせることだと思います。

「価値観」と言っても、それだけでは抽象的ですから、まずは会社の経営理念の理解です。経営理念の理解と実践で、そこで狂いがなければまず合格点だと思います。

わが社の経営理念は、約30年前に、兵庫県中小企業家同友会の経営指針成文化セミナーで最初に作成してから、細かな表現は別にしてずっと変わっていません。

【経営理念】

社会性

我々はリフォームの仕事でお客様から感謝される会社を作る

人間性

我々は常に個人と組織の能力の向上を図る

どこに行っても通用する人間になるため、

共に学び共に育つ

科学性

我々は外部環境の変化に科学的に対応し、

たえず経営の革新に挑戦する

限られた分野でナンバー1の会社にする

「社会性」は、お客様に対するわが社の姿勢であり、わが社の社会的存在意義です。

「人間性」は、社内に向けての言葉です。

社長と社員が共に学び、共に成長していく、という固い決意です。

「科学性」は、外部環境の変化に合わせて、わが社も変わっていくぞということであり、大きな市場ではなく、限られた市場の中で競争の結果、ナンバーワンの会社になるぞ、という決意です。

●考え方の整頓とは

わが社ではこの経営理念を毎朝の朝礼で唱和します。主だった会議の冒頭でも唱和します。そして、事あるたびに私が、私自身の言葉でこの経営理念に立ち返った話をします。

社員は「社長はまた同じ話をしている」と思っています。でも、それでいいのです。それほどに経営理念は大切で、社員一人ひとりに浸透させることに私は執念を燃やしています。

「社会性」「人間性」「科学性」どれも大切で欠かせないことなのですが、「社会性」のところは、わが社の存在意義なので、ここで一致できない社員は、わが社にいてもらう意味はありません。後継者ならなおさらです。

「リフォームの仕事でお客様から感謝される会社になる」とは、わが社がリフォームの仕事をして、そのお客様から単に「ありがとう」ではなく、**「阪神佐藤興産に頼んで本当によかった！　感謝するよ」**と言っていただけるくらいの会社になる、ということです。「お客様から感謝される」のですから、非常に高い目標です。

世の中には、リフォームの会社は、数えきれないくらいあります。安い値段で勝負してくる会社もあります。

でも、安さだけがお客様が満足することでしょうか？

本当に安さだけを求めるお客様があったとしたら、その安さを提供する会社を選ぶ自由がお客様にはあります。

わが社は、お客様が大切にされてきた建物を、この先長く、安全に気持ちよく使っていただけるようにリフォームして、お渡しするのが仕事です。

そして、お客様に心の底から「ありがとう」と言っていただくことが、わが社の社会的存在意義です。

この理念に反して「値段競争でもなんでもライバルに勝ちさえすればいい」と考えている社員が万が一いたとしたら、その社員はそういう考えの会社に行けばいいのです。

わが社はお客様のご要望を徹底的にヒアリングして、本当にお客様が満足されるリフォーム工事を提供する会社であり続けるために日々努力を重ねています。

毎日の苦労のかいあって、今ではこの経営理念のもと、社員のベクトルはピッタリあっています。

昔は、「それは違う」「こちらが正しい」「これが当たり前！」「おかしい」等、ストレスがたまる会話が時々ありましたが、今は、理念・方向性でズレることがありません。社長としては、理念・方向性についてのストレスがなく、大変気持ちのいい状態です。

社員の考え方の整頓ができたということでしょうか。この状態になったので、社員の中から後継者を出すことが難しい環境ではなくなりました。

●重かった創業者の言葉

実は私が創業者である父に「次期社長は社員から」という話をしたのは、社内で発表してから2年もたってからでした。反対されるのが怖くて、言い出せなかったのです。父にとっては、自分が起こした事業ですから、それはもう言葉に表せないくらいの愛着があります。

「苦労してやってきた会社を他人に渡すなんてありえない」

そう思うのが普通です。

今でも私は、父に会社の業況を毎週報告に行っています。これを何年も続けるなかで、後継者の件を話しました。

そのとき、父はしばらく何も言いませんでした。

やがて**「お前の思うようにやればいい」**と言いました。

言いたいことは山ほどあったと思います。

しかし、すべてをこらえて認めてくれました。

私はなおのこと、父から引き継いだこの会社を次の後継者に無事に渡さなければなりません。そのときまで、まだまだ超えなければならない山が続きます。

なお「次期社長は社員から」ということは、経営計画発表会の場を通じて、銀行にも伝えています。

わが社は、社長の私以下、普通の人の集まりです。優秀な人の集団ではありません。

その普通の人の集まりが成果を出すにはどうするか？

凡人の集団であったとしても、**全員が1つの目標に向かってベクトルを合わせること**です。そうすれば、優秀な人たちだがベクトルがあちこち向いている集団よりも早く目標に到達できます。

これからも私自身の言葉で、事あるごとに経営理念に立ち返った話をし、経営理念を浸透させ、ベクトルを合わせることによって成果を出していきます。

次期社長にも同じようにしてもらいたいと思っています、と言ったら言い過ぎでしょうか。

小さな会社で働く醍醐味とは

●「20億30人」を実現するために

私は直近の経営数値の目標を**「20億30人」**と置いています。年商で20億円、社員数で30名ということです。この数値目標は昨今の新型コロナの影響で修正を余儀なくされる可能性もありますが、目標として堅持したいと考えています。

この数値目標への到達に向けて何を行っていくか。その最も重要な行動が元請という立場での事業領域の選択と集中です。

20億円達成のための大きなファクターとなる、受注単価が大きい分譲マンションの大規模改修工事を例に考えてみましょう。通常、マンションの大規模改修工事の情報が顕在化したときには、業界内の会社では価格競争による受注の奪い合いになってしまいます。すると、最も安い価格を提示した企業、もしくは異常なコネを効かせた業者に受注が決まることが往々にしてあります。

それは、とてもおかしな世界です。本当にクリアで公平な勝負ではなく、極端な言い方をすれば、裏から手を回した業者が仕事を受注する。当社としては、この土俵に上がるつもりはまったくありません。「分譲マンションの改修工事の分野はやらない」と決めました。

この土俵に当社が上がったら、おそらく営業力や提案力によって勝つことはできる。しかし、長続きはせず、疲弊してしまって、他のことができなくなってしまいます。きっと、会社として持たなくなってしまうでしょう。

やらないことを決めることは、大切なことです。

●安定経営のために必要なこと

より安定した経営を行うには、繰り返し継続的に発注いただける取引先との絆を強くしていく必要があります。

どの事業領域にかかわらず大規模改修工事のニーズが潜在的にあるとわかったときには、**当社に一番に相談がある状態をつくっておく**ことです。

介護施設営業部の部門長である桂義樹部長は、お客様の小さなニーズをとらえて、部門全体でスピード対応することに全力を注いでいます。長谷秀俊課長が超スピードで一次対応していますが、回り切れないときには、桂部長自身が小さな修繕工事のご要望を聞いて、対処することもあります。

こうして介護施設営業部は、ここ数年で成果が出るようになってきました。

また、尼崎という地域に根ざしたプラント工事部。尼崎の湾岸地域には運河が広がり、大手企業のプラントがたくさんあります。それらプラントは活発に生産活動を行っており、大小合わせてさまざまな改修工事が日々発生してくる。わが社にとってはまことにありがたいお客様です。

プラント工事部の部門長である田渕和貴課長をはじめ、わが社のプラント担当社員は、大きなやりがいを感じています。それは、工場の生産が滞りなく行われるように、突発的な事態が起きても、スピード対応で何事もなかったかのように生産ラインを動かす「黒子」としてのやりがいです。

事が無事に収まったとき、お客様の社員の方と、わが社のスタッフが一緒になって笑い合う姿が目に浮かびます。

本社営業部の主力の仕事は、外装改修工事です。建物の外装改修工事は一度やったら、次は15年先までめぐってきません。典型的な鉄砲売りの仕事です。そのままでは、売れないときにひもじい思いをします。しかも、顕在化してしまったニーズに対応するので、価格競争になりやすい難しい領域です。

これを安定化させるにはどうするか？　本社営業部の部門長である、原口太志本部長と一緒に毎日頭を悩ませています。

めったに売れない鉄砲売りでも、鉄砲を買ってくださるお客様を連続的に見つければいい。しかし、外装改修工事をやりたいお客様がどこにいらっしゃるか、わが社からは見えません。

そこで、わが社が直接探すのではなく、そのようなお客様が見えているところを探すことにしました。それは、どこか？　不動産管理会社です。

30人の不動産オーナーと取引している管理会社なら、15年に1回の外装改修工事が年に2つは出てくる。オーナーが1人で2棟、3棟、4棟とビルやマンションを所有していれば、それだけチャンスが増える。

私の頭の中では、漏斗をイメージしています。

1つの不動産管理会社を1つの漏斗に見立てます（たとえが悪くて、失礼をお許しください）。オーナーが外装工事を考えていると不動産管理会社に伝わったら、その情報が自動的にわが社に流れ落ちてくるようにしておけばいい。

鉄砲を連続して売るための仕組み

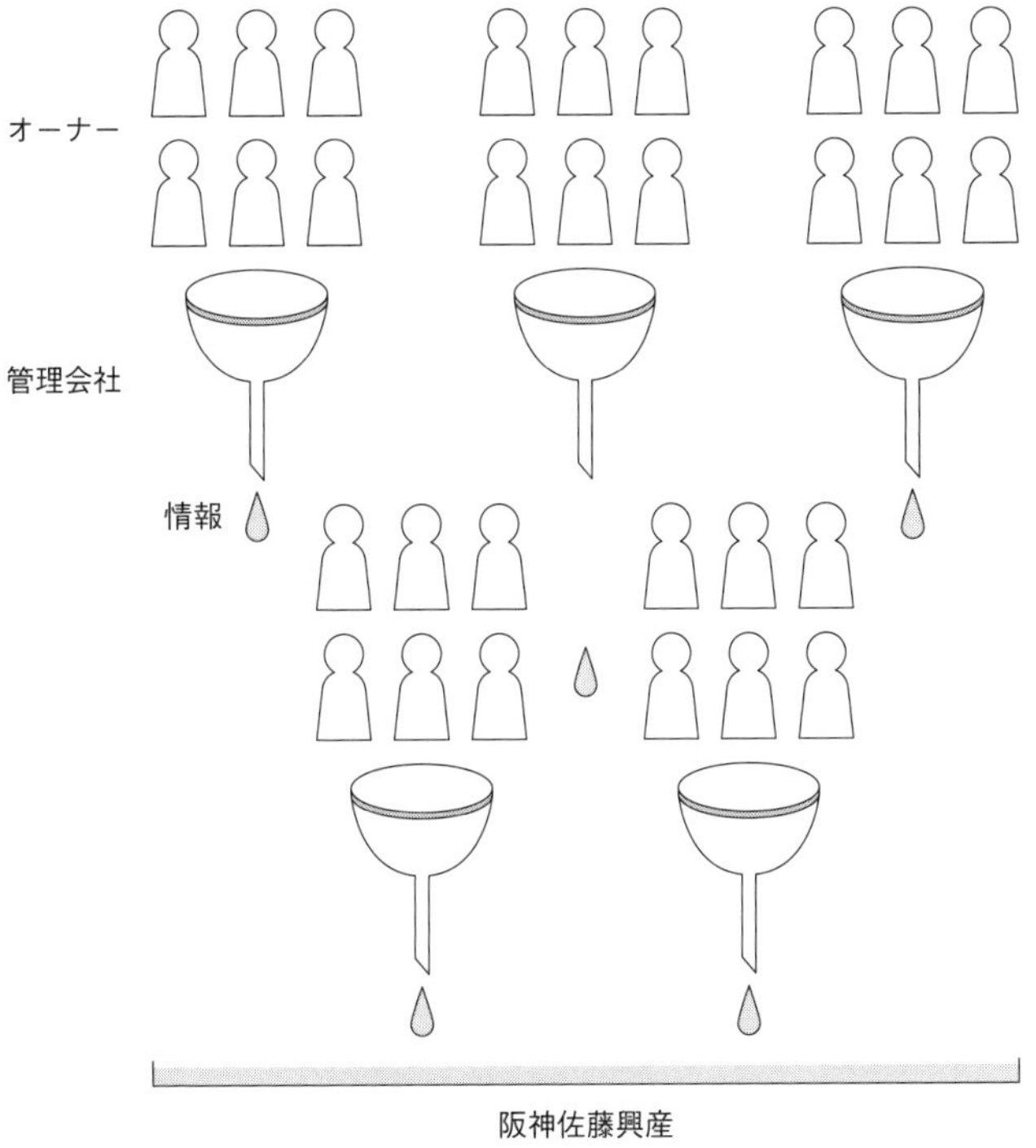

その漏斗をたくさん設置しておけば、外装改修工事というめったに売れない鉄砲を連続して売ることができます。

営業マンがいなかった時代の私の営業方法ですが、やり方を改良すれば、今でも通用する手法です。

なお、公共施設の改修工事も取り組んでみたい分野です。実際に指名業者としての資格は取得し、登録はしています。しかし、落札案件はまだありません。これからの分野です。その意味では、当社にはまだまだ成長の余地があります。

●中小企業だから時代の変化に対応できる

スローガンとしての「20億30人」。おもしろいもので、文字にしてスローガンを掲げると、それに向かって物事が動き出すのです。

長い間、10億円前後の売上で推移していましたが、2019年度は継続的な取引先から3億円を超える大きな改修工事が入り、15億円を計上できた。このスローガンは2020年度、当社の40期に初めて掲げたものですが、確実にその数値目標に近づいています。

売上が倍増することになれば、当然ながら事業構造や仕事の質が変わってきます。創業当初からしばらくは塗料販売だけを行ってきましたが、やがて塗装・防水を含めた改修工事の分野に進出し、今は民間大規模施設の改修工事を一括して元請として受けられるようになった。

30年前、外壁塗装から派生して、お客様の依頼でさまざまな修繕工事を請けるようになり、大きくないものの建築仕事もできるようになった。

今では、そうした建築の仕事もグッと増え、お客様と継続的に仕事ができる環境が整ってきました。大きな仕事も小さな仕事も、両方の改修工事に迅速に対応できる〝改修専門の総合リフォーム業〟として、事業を3つの部門に整理し、よりいっそうお客様のニーズにこたえていきます。

下請仕事を続けていたら、確かに営業は楽です。しかし、おもしろくない。事業と社員、会社全体の成長を感じられないからです。私は社長として、目的地は自分で決めたい。

中小企業は、大企業と違って時代をつくることはできないかもしれません。ですが、時代の変化に素早く対応していくことはできる。**時代の変化のなかで、自社でできること、達成感が得られることに臨機応変に取り組んでいく。そして、お客様から心からの感謝と評価をいただく。**

社長と社員が同じ船に乗り込んでいる仲間として、共通の目的地にたどり着くために、日々数々の困難と戦いながら、ともに成長できるのが、中小企業で働くことの最大の喜びではないでしょうか。

小さなネズミであっても、巨大な恐竜を倒せるこの会社の未来が、私はとっても楽しみです。

おわりに

小さくても勝てる!


ここまで読まれてきて、その理由をご納得していただけたでしょうか。

ご納得いただけた方も、まだ疑問に思われている方も、せっかくのご縁ですので、機会がありましたら、ぜひ、当社の現場見学会にお越しください。

現場の雰囲気、社員や職人の様子を見ていただけたら、この本で書かれていたことが間違いではなかったと実感していただけるはずです。

皆様とお目にかかれることを楽しみにしています。


ここまでお読みくださり、まことにありがとうございます。

このように、会社のこれまでをまとめてきて、あらためて多くの方に支えられてきて今日があるのだと思いをあらたにしているところです。

お客様、お取り引きいただいている皆様、職人や協力会社の皆様、まことにありがとうございます。

また、ＮＳＫＫホールディングスの賀川正宣会長。本文でも触れたように、賀川会長との出会いが、私を大きく変えるきっかけになりました。本当にありがとうございます。そして、長年ご指導をいただき、かつ本書に推薦の言葉をお寄せくださった武蔵野の小山昇社長に、心より御礼申し上げます。

最後に、当社の社員の皆さん、創業者である父をはじめとする家族に心から感謝の気持ちを伝えて、本書を終えることとします。

阪神佐藤興産株式会社　代表取締役社長
佐藤祐一郎

著者紹介

佐藤祐一郎（さとう・ゆういちろう）

阪神佐藤興産株式会社　代表取締役社長
1957年、兵庫県尼崎市出身。大阪府立寝屋川高校、関西大学を経て、清水建設に入社。日本ペイントを経て、1984年、父が創業した阪神佐藤興産に入社。1996年より現職。同社は、大手ゼネコンが競合にもかかわらず、ほぼ負け知らずと話題。整理・整頓・清潔が徹底された明るい雰囲気の現場見学会も好評。

●阪神佐藤興産株式会社
兵庫県尼崎市崇徳院2丁目157番地
・阪神佐藤興産株式会社　本社ホームページ
https://hskk.co.jp/

・阪神佐藤興産株式会社　YouTubeチャンネル
https://www.youtube.com/channel/UCfF0GMqh-QpEpy6vSgNwTjA

小《ちい》さくても勝《か》てる！
行列《ぎょうれつ》のできる会社《かいしゃ》・人《ひと》のつくり方《かた》　〈検印省略〉

2020年 10月 25日 第1刷発行

著　者――佐藤祐一郎（さとう・ゆういちろう）
発行者――佐藤 和夫

発行所――株式会社あさ出版
〒171-0022 東京都豊島区南池袋 2-9-9 第一池袋ホワイトビル 6F
電　話　03（3983）3225（販売）
　　　　03（3983）3227（編集）
F A X　03（3983）3226
U R L　http://www.asa21.com/
E-mail　info@asa21.com
振　替　00160-1-720619

印刷・製本　文唱堂印刷株式会社

facebook　http://www.facebook.com/asapublishing
twitter　http://twitter.com/asapublishing

ISBN978-4-86667-239-7 C2034